東京「近未来」年表

オリンピック後の10年で
何が起こるのか?

山田 順
Jun Yamada

さくら舎

はじめに

ネコがイヌを逆転したことがニュースに

いきなりだが、現在、日本全国でどれくらいの数のイヌとネコがペットとして飼われているか、ご存知だろうか？　また、イヌとネコではどちらのほうが多く飼われているだろうか？

２０１７年の年末、テレビや新聞で、「ネコがイヌを逆転」というニュースが報じられた。これは、一般社団法人ペットフード協会が発表したもので、全国で飼育されているペットの数で、ネコの数が初めてイヌの数を上回ったというのである。

ペットフード協会では、１９９４年以来、この調査をしており、このときの調査では、ネコがおよそ９５２万６０００匹、イヌがおよそ８９２万匹で、ネコがイヌを60万匹ほど上回ったというのである。

次の図表１（２ページ）がイヌとネコの飼育頭数の推移である。年を追うにつれて、イヌが減りネコが増えてきたのがわかる。そうして、とうとう２０１７年にネコがイヌを逆転してし

［図表１］イヌとネコの飼育頭数の推移

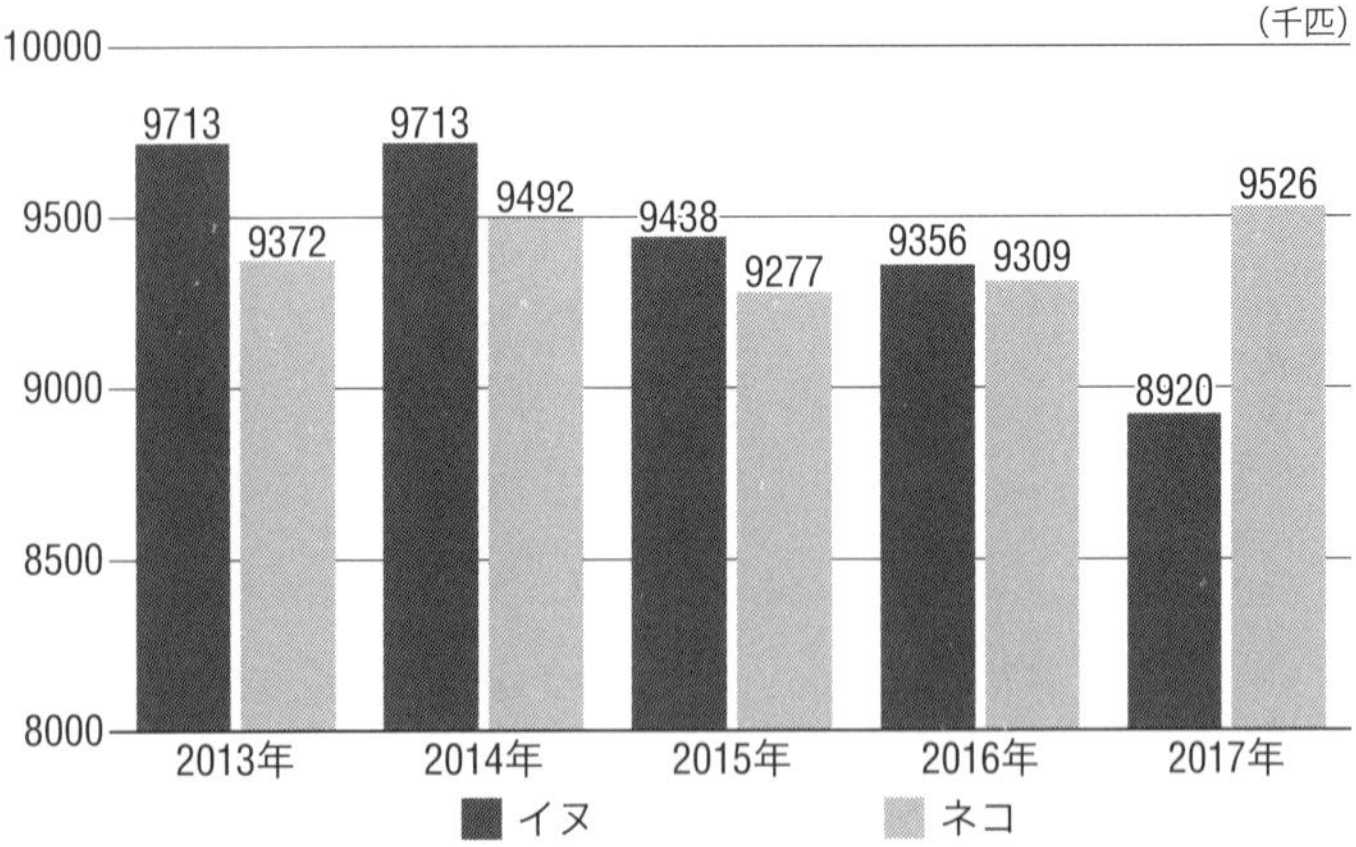

出典：一般社団法人ペットフード協会

まったというわけだ。

これは、調査開始以来、初めての出来事だったから、テレビも新聞もニュースとしてかなり大きく取り上げた。

しかし、このニュースはけっして「微笑ましい」たぐいのニュースではない。なぜなら、これほど日本社会の一種の〝病理〟を反映しているニュースはないからだ。

このニュースはペットの主役がイヌからネコに代わったということだが、ではなぜ、主役交代が起こったのだろうか？　それを見ていくと、日本社会が抱えている問題が浮かび上がってくる。

新聞記事にはペットフード協会のコメントが紹介されていた。それによると、イヌが減ったのは「集合住宅で飼えない」「十分に世話ができない」といった理由が目立っていた。つまり、ネコはマンションでも飼えるところが多く、イヌより手間がかからないということで、ペットの主役になったというのだ。

さらにもう一つの理由として、飼育費用がネコのほうがイヌより安いということがあった。「東洋経済オンライン」に、「なぜ飼い犬が減り、飼い猫が増えているのか」（2015年11月18日）という記事がある。それによると、生涯の飼育平均費用は、ネコ（平均余命14・56歳）が70・3万円で、イヌ（同14・25歳）が118・5万円となっている。ネコのほうがイヌより約50万円も安いのだ。

イヌが減ると動物病院経営は行き詰まる

ペットを飼うことは、ある意味で子どもを育てることと同じだ。人は子どもの代わりにペットを育てている。

私はマンション暮らしをしているが、ここではペット飼育がOKなので、じつに多くの老夫婦がペットを飼っている。それで、ペットと散歩中の方との立ち話で、なぜ飼っているのかと聞くと、「子どもが結婚して出て行き、なんだか寂しくなってね」と言われる方が、圧倒的に多い。

人間は何か世話をしていないと満足できないようにできている。そうしないと、心が満たされない。ペット愛好家の方々は、イヌやネコをわが子のように可愛がる。

ネコを飼われた方なら頷《うなず》かれると思うが、ネコはイヌよりきれい好きで、イヌのように散歩させる必要がない。そのため、狭い室内でも飼える。そして、前記したように飼育費用が安くすむので、いまの日本が空前の〝ネコブーム〟になったのはしごく当然だ。

ただ、このネコブームは、獣医師にとっては頭が痛い問題だという。私の暮らすマンションには獣医師も住んでいる。この獣医師は「やがて動物病院はやっていけなくなりますよ」と訴える。

彼によると、現在、全国約1万1000件ある動物病院は10年後には3割がなくなると言う。「ネコよりイヌのほうが医療費が高いんです。ところがイヌは現在、毎年50万匹のペースで減っているので、いずれ動物病院の経営は行き詰まります。子どもの数が減って、小児科がやっていけなくなるのと同じですよ」

子どもの数よりペットの数のほうが多い社会

少子化で小児科の病院が減っていることは、いまや目新しい話ではない。しかし、イヌの飼育数が減って動物病院の経営が怪《あや》しくなるというのは初めて知った。

そこで、気になったので、子どもの数とペットの数を比べてみることにした。

ご承知のように、日本は2012年から、毎年、確実に人口が減っていく「人口減社会」になった。人口減社会になった最大の原因は、「少子化」である。死んでいく人間より、生まれてくる子どもの数が少ないのだ。

ここ数年、日本では毎年、約130万人の人間が死んでいる。それに対して生まれてくる子どもの数は約100万人で、2016年にはついに100万人を割って97万人になってしまった。以後、100万人以下が続いている。

では、現在の子どもの数はどれくらいなのだろうか？

総務省統計局によると、2018年4月1日現在における子どもの数（15歳未満人口）は1553万人である。これは、前年比17万人減で、減少は37年連続。総人口に占める割合も前年比0・1ポイント減の12・3％と44年連続で低下している。

次ページの図表2（6ページ）は、日本の年齢3区分（子ども人口、労働人口、高齢者人口）の人口の推移グラフだ。これを見れば、子どもの数は1975年をピークに一貫して減ってきたことがわかる。子ども人口の減少は昨日今日始まったわけではなく、すでに半世紀近く前から始まっていたのだ。

ちなみに、都道府県別（2017年10月1日現在）の子どもの数を1000人単位で比較すると、子どもの数が前年より増えたのは東京都のみで7000人増の154万2000人。大阪府では1万4000人、神奈川県では1万3000人それぞれ減少している。

では、ペットの数はどうだろうか？

前記したように、「ネコがおよそ952万6000匹、イヌがおよそ892万匹」だから、合計すると1844万6000匹となる。なんと、日本の子どもの数は、イヌとネコの総数よ

［図表２］ 年齢３区分別人口の推移

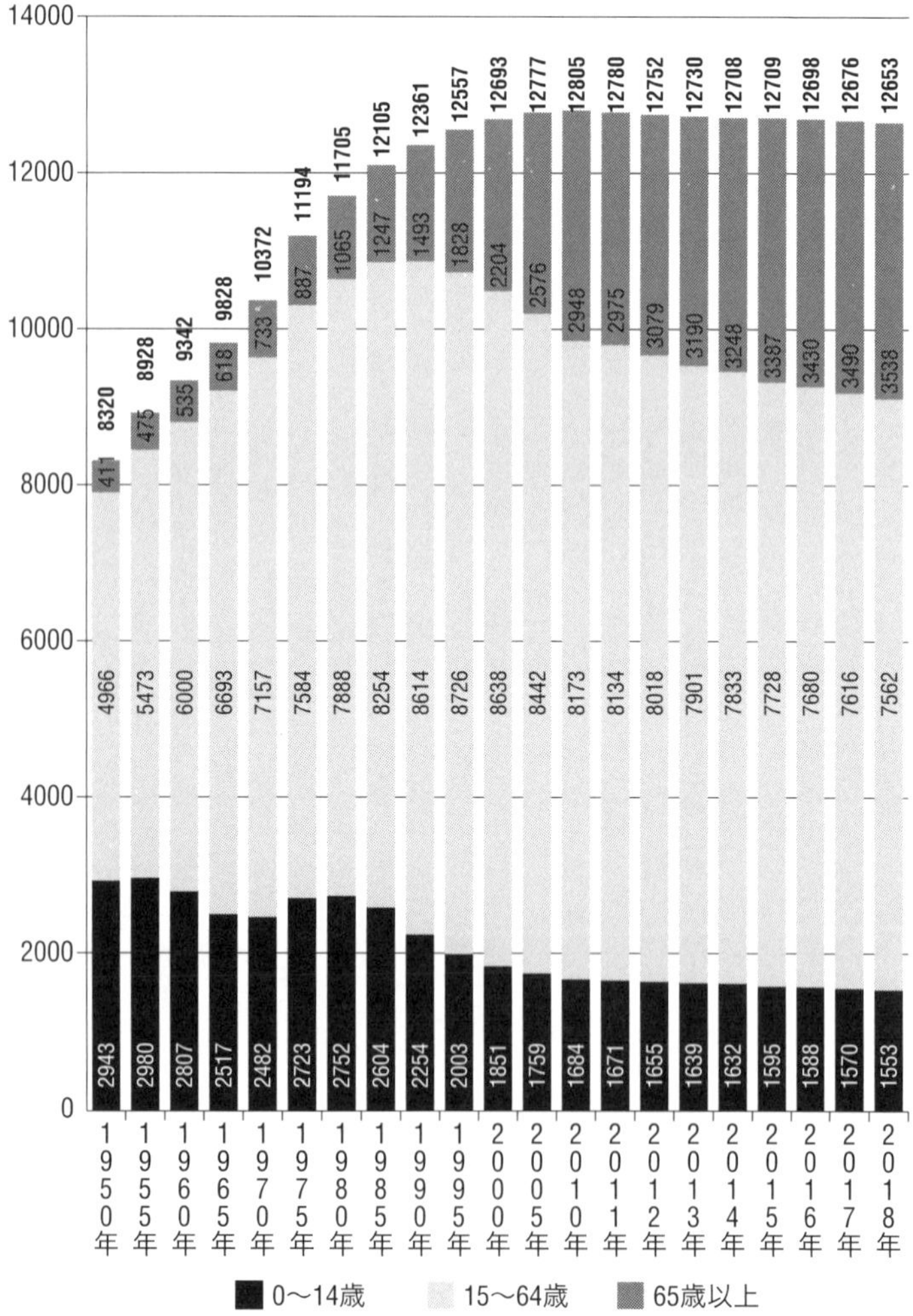

出典：総務省統計局

りも300万人近くも少ないのである。

日本の人口は最新の2015年の国勢調査によると1億2711万人、世帯数は5340万世帯である。それを基に計算すると、ペットの人口比は約6・9人に1匹、世帯比は約2・9世帯に1匹となる。なんと3世帯に1世帯はイヌかネコを飼っているわけで、こんなにペットを飼っている世帯が多い国がほかにあるだろうか？

少子化にともなって「夫婦のみ世帯」は年々増加し、2016年には1209万世帯（厚生労働省「国民生活基礎調査の概況」平成29年版）と、全世帯の約2割に達している。また、国立社会保障・人口問題研究所の「第15回出生動向基本調査」（2015年）によると、「子どもがいない夫婦」は、妻が20代の夫婦では3割に達している。ただ、妻が30代になるとその割合は低下し、妻が40代になると1割弱にまで減る。

とはいえ、子どもの数より、ペットの数のほうが多い。そして、子どもがいる世帯よりペットがいる世帯のほうが多いという社会は、はたして健全な社会なのだろうか？

なぜ少子化が進んだのか？　本当の原因は？

日本が少子化社会になってしまった原因は、いろいろ言われている。

たとえば、「女性の社会進出が進み、そのために晩婚化が進んだ」「男性の経済力低下により結婚のハードルが高くなった」「パラサイトシングルなど、社会的に自立しない若者が増えた」

「恋愛の自由化、恋愛至上主義が蔓延《まんえん》したことで見合い結婚が減少、結婚できない若者が増えた」「結婚したとしても晩婚のケースが多いため、多産が難しい」「婚外子に対する社会的サポートが悪く、晩婚化・非婚化が少子化へ直結してしまう」などだ。

いずれもそのとおりだが、もっとも大きな原因、つまり少子化の背景にあるのは、若者たちの貧困化だろう。日本は貧しくなったのだ。バブル崩壊後の四半世紀で、日本では実質賃金がほとんど上がらなかった。しかも、正社員が減って非正規雇用が増えた。

こんな環境下では、子育ては金銭的に大きな負担になる。子どもをつくって育てることに、おカネがかかりすぎるのだ。

各種統計によって多少の違いはあるが、出産から大学卒業までの22年間の養育費は、少なく見積もっても２０００万円はかかると言われている。また、教育費は、文部科学省の「子どもの学習費調査」などによると、小中高が公立で大学は国立の場合でも１０００万円ほどかかる。

これが幼稚園から大学まで私立で、大学は私立理系（年間）の場合だと、なんと約２５００万円もかかる。となると、養育費＋教育費で、最低でも３０００万円はかかるわけで、非正規の生涯年収（20～64歳）が約1億２０００万円（厚生労働省の統計）だから、とても子育てなどできないということになる。

ただし、子どもの養育費用以前に、もっと大きな問題がある。それは、子どもをつくる前提となる結婚自体が減っていることだ。

最近は、「非婚化」が急速に進んでいる。結婚しない若者が増えている。彼らが結婚をためらうのは、結婚しても豊かになれない、必死で共働きをしなければ家庭を維持できないという、厳しい現実があるからだ。つまり、結婚しないではなく、結婚できないのである。

少子化問題で使用される指標は、「合計特殊出生率」である。これは女性が一生の間に産むとされる子どもの平均数で、人口を維持するためには2・07が必要とされる。日本の合計特殊出生率は、1973年の2・14を最後に毎年下がり続け、2005年には過去最低の1・26を記録した。その後、2015年には1・45まで持ち直したが、もはや2・07以上に回復することは永遠にないと言われている。

ただし、この合計特殊出生率のなかには「合計結婚出生率」というものがあり、こちらを見るとそれほど下がっていない。合計結婚出生率というのは、結婚した女性が一生の間に産むとされる子どもの平均数で、この数値は1990年代以降2・0を超えたことはないが、ずっと1・7~1・9を維持しているのだ。つまり、結婚した夫婦は合計2人弱の子どもを産んでいるということになる。

ということは、出生率が下がった大きな原因は、未婚者が増えたことにある。子どもをつくれない以前に、結婚すらできない社会になってしまったのだ。

モノの生産とサービスの向上を追求しすぎた

人間は1人では生きてはいけない。もちろん選択の自由はあるが、1人で生きることを選択せざるをえない社会というのは、豊かな社会とは言えない。それでも社会に希望があれば、貧しくとも若者たちはパートナーを得て暮らそうとするだろう。いまの日本はそれすらできなくなっている。

その意味で、少子化社会というのは恐ろしい。少子化と並行して高齢化もどんどん進んでいる。そうして、人口が毎年、20万～30万人減っていく。これは、地方の中核都市が、1年でまるまる一つ消滅してしまうことと同じだ。

日本ほど急速な人口減に見舞われている国は、世界に存在しない。また、日本ほど100歳以上の人間が多い国も世界に存在しない。

20年前の日本は、40～50歳と20～30歳の年齢層の人口がもっとも多かった。それがいまでは日本人の3分の1弱が65歳以上（高齢者）になってしまった。2025年には高齢化率は30％を上回る。

かつて「ベビーブーム」という言葉があった。しかし、これはもはや死語で、いまはその代わりにペットブーム、ネコブームである。

戦後すぐに「優生保護法」ができ、妊娠中絶が実質的に合法化されて出生率は低下した。しかし、それでも出生率は2・07を切らなかった。それが、前記したように1973年から下がり続けてきた。

誰もが知るように、ヨーロッパの主要国も少子化による人口減に見舞われてきた。そこで、第三世界からの移民を受け入れることで、この問題を解決しようとしてきた。かつて自分たちが出向いて植民地化した国々から、今度はそこの人々を受け入れている。まさに、〝逆植民地化〟と言うほかない。

しかし、日本は移民をずっと拒否してきた。最近は事実上移民を受け入れる方向に政策転換したが、もはや手遅れである。それこそ、毎年、何十万人という単位で受け入れなければ、人口減は止まらない。

日本が人口減社会になることは、もう何十年も前からわかっていたことだ。それなのになぜ、私たちはなんの手も打たず、ただ、経済的豊かさだけを求めて働き続けてきたのだろうか？ いまの少子高齢化、人口減の日本は、私たちが望んだ社会のかたちなのだろうか？

たしかに暮らしは昔より便利で豊かになった。しかし、それは技術が進み、それを使ったモノの生産とサービスの向上があったからにすぎない。つまり、私たちは物質的な豊かさばかり追求しすぎたのではないか。日本人は、子どもをつくり、子どもを育てる幸せより、モノやサービスによる幸せを求めすぎたのだ。

成長を前提とした過去の経済学は通用しない

モノやサービスによる幸せの追求は、現在、加速度的に進んでいる。ついに人間の労働が、AIやロボットに置き換えられる時代がやってきた。もうすぐ通信回線が5Gとなれば、あらゆるものがネットにつながるIoT社会のなかで、私たちの活動はすべてデジタル化され、全生涯がビッグデータとして記録されるようになるだろう。リアルとヴァーチャルの境目が消え、私たちは「拡張現実」(Augmented Reality) のなかで生きるようになるはずだ。

最近の目に見える変化でいえば、コンビニなどのリアル店舗の無人化がある。現在、コンビニのレジは中国人やベトナム人などの外国人労働者でなんとかまかなっているが、人手不足のため、時給を上げないと人が集まらない。私の友人ひとりはコンビニのオーナーだが、いつも人手不足を嘆いている。

コンビニの経営というのは、人件費が最大の経費で、売上対比で12%~15%を占める。そのため、人件費を上げると、経営はたちまち厳しくなってしまう。しかし、上げなければバイトは集まらず、また、近隣店舗との人材獲得競争に負けてしまう。

そこで進むのが、自動レジの導入、無人店舗化だ。すでに中国では「無人コンビニ」が登場しているし、アマゾンは無人店舗「Amazon GO」を運営している。いずれAIがコンビニを運営するようになるのは確実だ。AIに関しては、もう多くの企業で導入され、試行錯誤のうえでの運用が始まっている。

こうなると、私たちは今後、AIやロボットと共存していくことになる。その先は人間がAIやロボットと〝合体〟する「ポストヒューマン」(Posthuman) 時代がやってくる。『攻殻機動隊』の世界が現実になる。そうなると、社会のすべてが変わるだろう。いままでのような、人間の労働をベースとする資本主義は成り立たなくなる。

日本は人口減を移民で埋めるのでなく、ロボットやAIで埋めていくようになる。すでにそうなりつつある。しかし、それが進めば、今度は人間が余ることになる。すでにフィンテックの進展で銀行や証券は大規模なリストラを始めている。リアル店舗やATMがなくなろうとしている。事務職サラリーマンはもとより、弁護士や会計士なども職を失いつつある。人口減で人手不足だというのに、大失業時代が始まったのだ。

子どもの数が減り、ペットとロボット、AIが増えていく。そして、減った人間の何割かが職に就けないとなると、おカネが社会に回らなくなるから、社会システムそのものを変革せざるをえなくなる。

もはや、過去の経済学、ケインズから新自由主義まで、まったく通用しなくなっている。それらはみな、人口が増え続け、成長が続くという前提のなかで理論化されたからだ。経済学は、賃金がいらないAIやロボットが価値を創造することを想定していない。

となるとこの先、日本はどうなっていくのだろうか?

楽観論より悲観論には未来に備える力がある

本書は、2020年の東京オリンピック後の「近未来」を描く本である。

日本は本当に〝いい国〟〝素晴らしい国〟である。海外から帰って、成田空港、羽田空港に着く前、飛行機の窓から地上の景色が見えてくると、「ああ帰ってきた」と、いつも私はほっとして胸を撫《な》でおろす。

空気はきれいで、水もきれい。しかも、水道水が飲める。街も清潔で、ゴミはほとんど落ちていない。治安もいい。不安なく街を歩ける。四季があり、そのおりおりの暮らしが楽しめる。そしてなによりも食べ物がおいしい。東京は、「ミシュラン」の星を獲得しているレストランが世界一多い都市だ。こんな国は、世界のどこにもない。

しかし、そんな国が、今後、間違いなく衰退していく。

私はこれまで未来予測の本を何冊か書いている。そのすべてで「悲観的未来」「絶望未来」を描いてきた。そのなかでも極めつきは、『人口が減り、教育レベルが落ち、仕事がなくなる日本』（PHP研究所、2014）である。この本には、明るい話は一つも出てこない。

私が小学生だった1962年、英「エコノミスト」誌は、「注目の日本」（Consider Japan）という特集記事を掲載した。この特集記事がいまでも語り継がれるのは、その後日本が大発展するという未来をピタリと当てていたからだ。

実際、日本は1968年にGDPで当時の西ドイツを抜き、世界第2位の経済大国になった。そして、1979年には「ジャパン・アズ・ナンバーワン」（エズラ・ヴォーゲルの著者のタイトル）とまで称される国になった。

しかし、「エコノミスト」誌は、2012年に、2050年の世界を予測した本（『2050年の世界─英「エコノミスト」誌は予測する』文藝春秋）のなかで、今度は日本の衰退を予測した。

「日本は世界史上未踏の超高齢社会となる」「高齢化による国家財政の悪化が進む」「日本のG

DPは、２０５０年には相対的に大幅に低下する」など、次々と暗い未来図が提示された。２０１０年、日本のＧＤＰは世界経済の５・８％を占めていた。それが、２０３０年には３・４％になり、２０５０年には１・９％になる。経済成長のスピードも西ヨーロッパを下回り、今後40年をとおして、１・１～１・２％で推移する。その結果、２０５０年には、日本経済はいまの3分の1になってしまうというのだ。

１９６２年の予測が当たったように、２０１２年の予測もまた当たるだろう。

人は悲観的未来より、たとえそれが希望的観測にすぎないとしても「必ず日本は復活する」という楽観的未来を好む。誰もが耳触《みみざわ》りのいい話、聞いて夢が持てる話を期待する。だから一部の識者は「日本経済が世界最強」などという本をいまも臆面《おくめん》もなく書くが、私にはこれができない。

楽観論より悲観論のほうが、将来を切り開く力がある。取り返しのつかない最悪の事態に備えるためには、悲観論を受け入れることが必要だ。悲観論には未来を変える力があるが、楽観論にはそれがない。

それでは、悲観論から予測した２０２０年以後の世界をお読みください。

目次◇東京「近未来」年表——オリンピック後の10年で何が起こるのか?

2020年 東京オリンピック「大炎上」

2 2021年「五輪後不況」でついに不動産大暴落

2022年 中国人に見捨てられ「観光立国」終焉

2023年 財政破綻秒読み！ 政府が個人資産を奪う

2024年 気がつけば400万人、ついに移民大国に！

2025年 年金破綻で右も左も貧困老人ばかり

2026年 ヤンキー絶滅、結婚難民、女性残酷社会

2027年 ついに開通もリニア新幹線に乗客なし

2028年 大学は潰れ、卒業しても職なし借金まみれ

2029年 AIに職を奪われ、街に溢れる失業者

2030年 キャッシュレスによる監視社会の完成

東京「近未来」年表

――オリンピック後の10年で何が起こるのか？

2020年
東京オリンピック「大炎上」

「コンパクト五輪」は蓋を開けてみれば、巨額の税金を投入する五輪となり、不祥事が続発。さらに、ボランティアをタダ働きさせ、猛暑の日本の夏に開催されるとあって、世界中からそっぽを向かれることに。

「世界一カネのかからない五輪」という大嘘

第32回オリンピック東京大会（Games of the XXXII Olympiad）は、２０２０年7月24日から8月9日まで、17日間にわたって開催される。１９６４年の第18回大会から約半世紀、東京で行われる2回目のオリンピックになるわけだが、このオリンピックの歴史的位置付け、意義に関して明確に答えられる人はいないだろう。

一時は「復興五輪」とも呼ばれたが、あの東日本大震災からは9年も経過している。また、当初は「コンパクト五輪」とされたのに、史上最大のカネが動くカネまみれの五輪になってしまった。つまり、この東京五輪は、国や東京都が主導した招致委員会（開催決定後は大会組織委員会が引き継ぎ）が日本国民と世界を欺《あざむ》いた「詐欺五輪」と言っていい。

しかし、この国では、いったん〝空気〟ができ上がると、批判は押さえ込まれる。メディアも五輪を盛り上げるだけの側にまわり、五輪を成功させるのがあたかも国民の義務のようなムードが醸成《じょうせい》されてしまった。

しかし、これほど計画が杜撰《ずさん》で、不祥事が続いた五輪がほかにあっただろうか？　前回の東京大会と比べたら、これが同じ日本人の仕事と言えるだろうか？

当初、東京オリンピックの招致にあたっては、「コンパクト五輪」がうたわれた。当時の猪《いの》瀬《せ》直樹《なおき》都知事は、「東京五輪は世界一カネのかからない五輪」と各方面に説明し、ツイッターにこう投稿した。
《誤解する人がいるので言う。２０２０東京五輪は神宮の国立競技場を改築するがほとんど40年前の五輪施設をそのまま使うので世界一カネのかからない五輪なのです》（２０１２年7月28日）

こうして発表された予算額は３０１３億円。これで東京は立候補し、マドリード、イスタンブールと争うことになった。ただ、この招致段階ですでに開催費用は約７３４０億円と当初の倍になっていた。

そして、開催が決まると費用はあっという間に膨《ふく》らんでいったのである。「７０００億円？そんな額では足りない、少なくとも2兆円はかかる」「いや3兆円になる」という試算が次々と明るみに出た。そのため、「話が違う」と、国民から大きなブーイングが巻き起こった。

そうして3年がたった２０１７年12月、組織委員会はようやく総経費が約1兆３５００億円になることを発表した。これでも当初の額よりはるかに多いのに、２０１８年1月、今度は東京都が新たに約８１００億円を大会関連経費として計上することを発表した。合わせると、約2兆１６００億円。やはり、2兆円を超えることになってしまった。さらに、２０１８年10月、会計検査院が開催が決まってからの5年間ですでに国が約８０００億円使ったことを報告、今後見込まれる費用を含めると、結局、〝3兆円五輪〟になってしまうことを指摘した。

これはなんと、計画当初の約3000億円の10倍だ。民間企業なら、こんな杜撰な事業計画を立てた時点で担当者はクビになり、事業は即刻中止されるだろう。

組織委員会サイドは、資材や人手不足による人件費の高騰《こうとう》、首都高速道路の営業補償などを想定していなかったと言い訳した。しかし、これは見え透《す》いたウソであった。

JOC（日本オリンピック委員会）関係者によると、「コンパクト五輪を打ち出して招致活動をしたため、ハナから安く見積もってIOC（国際オリンピック委員会）に提出したにすぎません」ということだからだ。

不祥事続きに「返上すべき」という声も

このように、招致前からウソで塗り固められていたせいか、開催が決まると不祥事が続発した。もう忘れた人もいるかもしれないが、まず起こったのが、大会エンブレムのパクリ疑惑だった。結局、デザイナーの佐野研二郎《さのけんじろう》氏は降板し、新たなエンブレムを募集することになって、また余計な費用がかかることになった。

そんななか、費用に関してもっとも揉《も》めたのが、新国立競技場のデザインと建築費だった。世界的デザイナーのザハ・ハディド氏に〝丸投げ〟したユニークすぎる新国立競技場の建築費がなんと2500億円かかることが判明すると、激しい批判が巻き起こった。このときは、毎日のようにテレビのワイドショーが取り上げた。

すると、組織委員会はザハ・ハディド氏に数十億円の違約金を払って、建築案をあっさりと白紙撤回してしまった。そして、誰も責任を取らず、新しい建設案が公募された。

さらに、カヌー・スプリントやボートの競技会場が、建設費と会場をめぐって二転三転した。要するに、当初のコンパクト五輪というのは机上のプランにすぎず、できもしないことが並べられていただけだったのである。

カネの問題ではさらに、「2億円の不正送金問題」が英「ガーディアン」紙の報道で明るみになった。これは、五輪招致のために、招致委員会側が国際陸上競技連盟のラミン・ディアク前会長（セネガル国籍）の息子に関係する口座に130万ユーロを支払っていたというものだ。この疑惑に関して、フランス当局が捜査に乗り出していると、「ガーディアン」紙は報道した。

このディアク氏という人物は1999年から2013年までIOCの委員を務めており、開催地決定に影響力を持っていた。つまり、日本サイドは〝裏金〟を払っていたのである。

この問題に関してJOCは送金を認めたが、そのカネは〝コンサルティング料〟ということで押し通した。

もちろん、このような不祥事が起こるたびに、メディアは大きく取り上げた。国民のなかからは「オリンピックを返上しろ！」という声も沸き起こった。しかし、メディアの追及は甘く、そういう声は、いつの間にかたち消えになった。

この頃、舛添要一《ますぞえよういち》という都知事が、公用車を私的に乗り回したり、旅館代をくすねたりと、あまりに「セコイ」公私混同疑惑を続けていた。そのため、メディアの関心はそちらのほうに行ってしまい、オリンピックに関しては「(問題を一刻も早く片付けて)なんとかしなければなりません」というトーン一色だった。メディアは、額が小さいほうを大きく追及し、大きいほうを小さくしか追及しなかった。

招致した以上、どんな不祥事があろうと、絶対に成功させなければならない。それは、日本人全員の義務であり悲願であるというのが、当時の〝空気〟だった。そして、そのまま2020年を迎えてしまったのだ。

アスリートも観客も「命の危険がある」酷暑

東京オリンピックは、ひと言で言えば、前記したように「詐欺五輪」である。いま思えば、招致委員会は、東京の夏の気候についてもウソをついていた。

2020年のオリンピックについて、IOCは7月15日~8月31日の期間内におさまるよう求めていた。それは、IOCがアメリカのNBCにテレビ放映権を売っており、その契約が2032年まで延長されることが決まっていたからだ。その延長契約料は76億5000万ドルと巨額。つまり、NBCの意向がオリンピック開催に反映されて、IOCはそれに基づいて、この期間を設定したのである。

この時期は、アメリカでは主要なスポーツイベントがない。秋になると、メジャーリーグやアメフトのNFLが佳境を迎える。したがって、その前に五輪放送を組むのがNBCの意向だった。IOCは収入の9割を各国のオリンピック委員会などに還元しているので、どの国のオリンピック委員会もこの意向には逆らえない。

実際、この意向を無視して、2020年のオリンピックの第1次選考ではドーハ（カタール）が10月開催案で立候補した。中東の灼熱の夏に競技を行うわけにはいかないからだ。しかし、10月案は相手にされず、ドーハは即落選した。

こうした状況を、日本の招致委員会が知らないわけがなかった。それなのに、もしかしたら中東の夏より暑い日本の夏開催で立候補したのである。

ちなみに、東京の次の2024年はパリ、2028年はロサンゼルスだが、パリは7月26日～8月11日、ロサンゼルスは7月21日～8月6日と決まっている。いずれも真夏の高気温が予想され、なにも東京だけが暑いわけではない。しかし、最近の気候変動とヒートアイランド現象により、東京の暑さは他都市の比ではない。

2018年7～8月、日本は記録的な酷暑に見舞われた。東京の最高気温は連日35℃を超え、気象庁は「できるだけ外出を控えるように」と呼びかけた。35℃以上は命の危険がある暑さだというのだ。

気象庁の基準によると、気温が31℃以上で「危険」レベルとなり、「特別の場合以外は運動を中止するべき」とされている。となると、その暑さのなかで競技をするのは、死んでもいいと言っているのと同じことになる。

近年は、何にでも「ファースト」をつけて言う傾向がある。トランプ大統領の「アメリカ・ファースト」、小池百合子《こいけゆりこ》都知事の「都民ファースト」が有名になったが、「アスリート・ファースト」から言えば、日本の酷暑のなかでの競技はありえない。アスリートばかりか、観客までも無視している。

ところが、招致委員会は招致文に、次のように記載していた。

「（東京の）この時期の天候は晴れの日が多く、かつ温暖であるためアスリートが最高の状態でパフォーマンスを発揮できる理想的な気候である」

マラソンの沿道応援は熱中症を覚悟で！

「酷暑」を「温暖」とウソまでついて招致した東京五輪。組織委員会としては「暑さ対策」に追われることになったが、怪我《けが》の功名《こうみょう》となったのが、競技時間を早朝か夜間に集中させなければならなくなったことだ。ＮＢＣのテレビ放映が、アメリカ東部時間を基準としているからである。日本とアメリカ東部では、昼夜が逆転する。

ただし、その程度ですむほど、東京の暑さは生やさしいものではない。そこで、急遽サマータイムの導入まで検討され、競技開始時間を早めることが決まった。

競技のなかでもっとも暑さの影響を受けると思われるのが、長時間走るマラソンである。そのため、男女ともスタート時間を立候補時の案から30分早めて午前7時とすることになった。さらに、コースに遮熱性舗装を施《ほどこ》す、ミストをできる限り多く設置するなどの対策が取られることになった。しかし、観客がいる沿道は水を撒くぐらいしか手がない。観客は、気象庁の警告を無視して、熱中症覚悟で沿道応援をすることになる。はたして誰が、そこまでして応援するだろうか？

もちろん、マラソンばかりではない。他競技も暑さを避けなければならない。競技時間が4時間弱に及ぶ男子50キロ競歩は、1時間半早めて全日程でもっとも早い午前6時スタートとなった。男女20キロ競歩も2時間早めて午前7時スタートに変更された。

ゴルフ、サッカー、野球、ソフトボールなども競技が長時間になるので、暑さの影響が心配された。なかでももっとも危険とされたのが、霞ケ関《かすみがせき》カンツリー倶楽部（埼玉県川越《かわごえ》市）で実施される男女ゴルフ。当初は午前9時スタートだったが、午前7時に繰り上げられた。それでも、選手たちは真夏の直射日光の下、炎熱の芝生の上でプレーしなければならない。

いずれにせよ、どんなに暑さ対策を施しても、競技には危険が伴う。もちろん、観客側も同じだ。そこで、東京都福祉保健局や東京消防庁などは、訪日外国人観光客に向けに、英文で「日本の夏は高温多湿」（Summer in Japan is hot and humid!）「水をいっぱい飲もう」（Drink plenty of water.）「日光と日向を避けよう」（Keep out of the sun and hot places.）などと、ウエブサイトやSNSで呼びかけることになった。しかし、これは「来るな」と言っているのと同じだった。

タダボラの汗と努力はＪＯＣと電通の儲けに

東京「詐欺五輪」の極めつきは、なんといってもボランティアを大量に募集して、酷暑のなかで「無償労働」（タダ働き）をさせることである。

じつは私は、東京オリンピックが決まったとき、すでにリタイアした友人たちと、「ボランティアをやってみないか」と話し合ったことがある。

子どものときに前回の東京五輪を経験している私たちの世代にとって、五輪は特別の存在である。あの当時のことを思い出すと、いまも胸が熱くなる。そのため、今度の五輪は見るだけでなく、参加してみたいと自然に思ったのだ。

しかし、この考えは、組織委員会からボランティア募集の概要が公表された後、作家の本間《ほんま》龍《りゅう》氏のネットでの呼びかけを知ってガラリ一変した。

２０１７年６月、本間氏が次のようにツイートすると、その主張はネットで一気に拡散した。ネットには、組織委員会に対する批判があふれた。

《再度言おう。全ての学生諸君は東京五輪のボランティア参加をやめましょう。なぜなら五輪はただの巨大商業イベントで、現在42社ものスポンサーから４０００億円以上集めており、無償ボラなんて全く必要ないから。あなたがタダボラすれば、その汗と努力は全てＪＯＣと電通の儲けになる。バカらしいよ》

こう言われてみれば、たしかにそのとおり。オリンピックは商業イベントであり、そこでボランティアをするというのは、単なるタダ働きにすぎない。

それなのに、なんと、組織委員会は10万人ものボランティアを、無報酬で募集するという。しかも、交通費は1日1000円ポッキリで食事代も出さない、地方から来ても宿泊代も出さない、事故があった場合に備えた保険にも加入しないとしていたのだ。

その後、本間氏は「東京五輪における『無償ボランティア』マインドコントロールを許すな」（集英社イミダスのサイトに掲載）という記事を書き、「なぜボランティアをしてはいけないのか」を詳しく解説した。また、『電通巨大利権～東京五輪で搾取される国民』（サイゾー、2017）という本も出し、同様の見解を表明した。

オリンピックはもはやただの商業イベント

本間氏の主張は、どれもみな、もっともなものだった。しかし、大手メディアはこのような考え方が国民の間に広がっていることを無視し続けた。

それでは、本間氏の主張（ツイート）を次に再現・紹介してみよう。

《大会が開催される7月24日から8月9日（パラリンピックは8月25日～9月6日）の東京は

間違いなく酷暑である。そんな中でボランティアの多くは屋外での観客整理や誘導に従事しなければならず、熱中症による健康被害が続出する危険性がある。にもかかわらず、現状の計画では組織委負担で保険をかけることすら想定していないのだ。多くの企業が巨額の利潤を受ける一方で、純粋な奉仕精神で参加する人々が無報酬で酷暑に倒れても全て自己責任……とは、労働搾取と言われても仕方ないのではないか。》

《周到な「五輪万歳」プロパガンダによって五輪は今もアマチュアの雰囲気を残した祭典のようにPRされている。だがその実体はもはやただの商業イベントであり、その運営は巨額のスポンサー料で賄われている。その中核を担う組織委、JOC、電通などの運営陣は全て超高額の有給スタッフたちであり、あまりの厚遇ぶりに、「オリンピック貴族」とも呼ばれる有り様である。》

《東京五輪で9万人のボランティアに対し、1日1万円の日当を20日間（オリンピック・パラリンピック各10日間）支払ったとしても、その費用はわずか180億円である。4000億円近い協賛金からすれば微々たる金額であり、払えない額ではない。というよりも、酷暑の中での過酷な作業に対する正当な対価として、絶対に払うべき金額なのだ。》

どうだろうか？　この主張に反論できるだろうか？　私の友人たちも、この主張を知ってすっかり熱が冷め、「やる気がなくなった」と口々に言った。

国民は喜んで参加すると考える時代錯誤

２０１８年6月11日、組織委員会は理事会を開き「大会ボランティアの募集要項」を決定して発表した。その内容は、予想されていたとはいえ、それまでの批判や不安の声にまったく応えておらず、ネットで再び大炎上する結果になった。

ボランティアには、組織委員会が募集する「大会ボランティア」と、開催都市・東京都が募集する「都市ボランティア」の2種類がある。前者は8万人、後者は3万人が募集されることになったが、大会ボランティアの待遇は、当初案に比べてわずかに改善されただけで、あまりにひどいものだった。

２０１８年3月に公表された当初案では、「1日8時間で計10日以上の活動」を求めていたが、決定案は「8時間の中に休憩や待機時間を含むこと」や「連続での活動日数は5日以内が基本、全体で10日以上」と緩和されていた。また、あいまいだった食事や交通費も支給されることになった。さらに、活動中の事故に備えた保険費用も負担されることが決まった。

しかし、食事代は当然としても、支給される交通費は「活動期間中における滞在先から会場までの交通費相当として一定程度」というのだから、これは単なる食事付きの「完全タダ働き」にすぎなかった。

オリンピックは約2週間にわたって行われる。その後、パラリンピックも約2週間ある。その間、連続ではなくとも10日以上はボランティアをするとなると、もし地方から上京するなら、その際の交通費、滞在費は全部自腹となる。

しかも、開催が迫《せま》ると、オリエンテーションや研修があるが、その際の交通費および宿泊費もすべて自己負担である。これでは、東京とその近郊に住んでいる人をのぞいて、自腹を切ってまでボランティアをする人がいるだろうか?

知人のスポーツ紙の記者は、こう言った。

「組織委員会のお役所仕事ぶりに開いた口が塞《ふさ》がりません。また、国を挙げての行事だから、国民は喜んで参加すると考える時代錯誤ぶり、勘違いぶりにはあきれます。うがった見方をすれば、夏休み期間中なので、もし人が集まらなければ、高校生や大学生を動員すればいいと考えているのでしょうね」

通訳から運転手までタダで何千人も募集

組織委員会は、本当に虫がいい。なぜなら、ボランティア活動が単純なお手伝い仕事の域を超えていたからだ。

募集要項によると、活動分野は「会場案内」、「運営サポート」など9分野にも及んでいた。そのなかには「移動サポート」(関係者の移動車両の運転)、「ヘルスケア」(救護・医療活動のサポート）、「テクノロジー」（通信機器の貸し出し、競技会場内で競技結果の入力や表示）、「アテンド」（海外要人等の接遇、選手や関係者の外国語でのコミュニケーションサポート）など、専門的なスキルが必要な活動が含まれていたのだ。しかも、その募集人数が半端ではなかった。

たとえば、「アテンド」で8000～1万2000人とされていたが、英語はいいとして、世界各国の言語がこなせる通訳者が都合よく多人数集まるだろうか？　また、仮にそういう人が多勢いたとしても、彼らは通訳者として仕事をすれば1日少なくとも数万円を稼げる人たちだ。それなのに、なぜ10日以上も無償で働かなければならないのか、まったくわからなかった。

さらに驚いたのは、この「アテンド」のなかに「競技を終えた選手がメディアからインタビューを受ける際に、外国語でのコミュニケーションサポート等を行います」とあったことだ。これは、どう見ても公式のメディアインタビューである。そんなことをボランティアにまかせていいのだろうか？

「移動サポート」もまた信じられないものだった。これは、「オリンピック・パラリンピック関係者が会場間を移動する際に車を運転し、快適な移動となるようサポートします」というものだが、それをボランティア運転手に任せていいのだろうか？　募集人員は1万人～1万4000人となっていたが、そんなに多人数の運転手が集まるのだろうか？

もし、集まったとしても、単なるスタッフが移動するための運転手である。とても、ボランティアなどと呼べる活動ではない。

国立競技場で日の丸の小旗を振った思い出

このほか、「メディア」(2000~4000人)という項目もあった。これは、「国内外のメディアが円滑に取材ができるよう、各種サポートを行います。」「記者やフォトグラファーの取材の管理サポート等のほか、記者会見をスムーズに行うための準備・運営サポートを行います。」「東京2020大会を記録するための記録用写真および動画の編集サポートや選手村の新聞制作のサポートを行います。」となっていた。

そこで、メディア業界を引退した私の知人たち数人に聞いてみたが、そんなバカなことに応募するわけがないだろうと、みなあきれていた。ただ、こう言った知人がいた。

「大学でジャーナリズムなどを専攻している学生をこき使おうという魂胆《こんたん》なのではないか。ほかのボランティアもそうだが、集まらなければ、国が学生たちを強制募集するはずだ」

案の定、これは現実になった。2018年7月、スポーツ庁と文部科学省が全国の大学と高等専門学校に対し、大会期間中に授業を行わないよう暗《あん》に求める通知を出したのである。

すでに述べたが、私は小学6年生のときに、前回の東京五輪を見ている。その日、学校は休みで、朝、学校に集合すると、6年生全員がバスに乗って国立競技場に向かった。

そうして、スタンドの上の方の席で、秋の澄んだ青空の下、配られた日の丸の小旗を一生懸命に振った。マラソンのあった日で、〝裸足の鉄人〟アベベ選手の後に、日本の円谷幸吉《つぶらやこうきち》選手が入ってくると、大歓声が起こった。円谷選手はトラックで英国のヒートリー選手に抜かされて3位に落ち、結局、銅メダルになってしまったが、スタンドの声援はものすごかった。いまも、あのときの光景を鮮やかに思い浮かべることができる。

その日、スタンドのベンチに敷くために、全員にビニールシートが渡された。それに、五輪マークが入っていた。それで、帰るときに、それを大事にたたんで宝物のようにして持ち帰った。

いま思えば、これは小学生を〝動員〟して、スタンドを埋めたということだろう。私の学校以外にも何校かの生徒たちが来ていた。

そもそもボランティアは無償でするものなのか?

ところで、私たち日本人はボランティアを無償労働、奉仕活動だと思っている。しかし、もともと「ボランティア」（volunteer）という言葉は「志願兵」「義勇兵」を意味していて、そこに、無償労働、奉仕活動のような意味は含まれていない。その昔、十字軍やテンプル騎士団などの各騎士団に対して、自ら志願して兵隊になる人々を「ボランティア」と呼んだことに端を発しているとされている。

つまり、単純に「自ら進んで何かをする」ということがボランティアだから、報酬があろうとなかろうと関係ない。たとえば、何かをしてあげた人や組織から、お礼として、報酬をもらったとしても、それもまたボランティアなのである。これは、接客サービスの人が、客からチップをもらうことを考えれば、それと同じと思えばいい。

とはいえ、アメリカではボランティアは多くの場合、無償だ。ゴルフのトーナメントなどで動員される地元の人々は、報酬なしに喜んでトーナメントの運営を手伝っている。ボランティアなしにこうしたイベントは成り立たない。

ただし、そこには、日本との考え方の違いがある。なぜなら、ボランティアを組織する運営側の役員や理事なども無償だからだ。そればかりか、組織委員会の理事などには、多額の寄付をしなければなれないようになっている。したがって、このような社会での無償と、日本のような社会での無償はまったく意味が違う。

日本におけるボランティアは、「無報酬で尽くすこと」＝「美しい行為」のように解釈され、その意味がひとり歩きしてしまったので、使う側はきわめて有利だ。自分たちは、税金や寄付金などから多額の報酬をもらったうえ、無償ボランティアを使い放題だからだ。

とくに日本の役所のボランティアの使い方は、あまりにもひどい。ボランティアで何かを運営するなら、基本的に組織の人間はみな無報酬で、利益が出たら、それはすべて地域社会に還元しなければならない。

日本の役所では、たとえば、「まちおこし」で起業家養成のために、大企業で長年働き専門知識を持った方に講師やアドバイザーをお願いしたいなどというボランティアの募集がある。私の知人は「市のために協力してくれませんか」と声をかけられて無理して出かけたが、運営のデタラメぶりに驚いていた。

また、引退した高齢者に、「体験農業をしませんか」というボランティアの募集がある。それで行ってみると、単なる野菜づくりなどの農作業の手伝いである。普通なら、人を雇ってやってもらう仕事だ。

ただ、当人たちは「健康のためになる」「自然に触れられる」などと言って喜んでいるので、批判はできない。

「パンとサーカス」の場となったオリンピック

というわけで、東京五輪は、酷暑のなかで行われる「タダボラの祭典」となった。「タダボラ」と呼ぶのはまだいいほうで、「奴隷《どれい》の祭典」とまで言う人がいる。

「パンとサーカス」という言葉がある。ローマ帝国において為政者たちが行った愚民化政策の代名詞である。為政者たちは市民に「パンとサーカス」を提供すれば、市民は満足し、余計なことに目覚めないと考えた。ヒトラーもそうしてドイツ帝国を築き、ナチスの力を盤石《ばんじゃく》にした。

今回の東京五輪は、まさにこの「パンとサーカス」のような五輪ではないだろうか。

本来のオリンピックには、崇高な目的、理念があった。しかし、いまや完全なコマーシャリズムの下に、メダル獲得競争を見世物として行い、巨大な収益を上げる場と化している。そこに国家が乗っかると、五輪はたちまち国威発揚の場に変わる。

もちろん、いまのオリンピックが、本来の「アマチュアの祭典」に戻る必要はないが、ここまでウソや不祥事が重なると、興覚めではないだろうか。

それにしても、少子高齢化で人口減という大きな問題を抱えているこの国で、オリンピックを開催する意義とはなんなのだろうか？

なんのためにオリンピックを開くのか？　その国の国民、開催都市の市民にとって、オリンピックはどんなメリットがあるのか？　そうしたことを考えず、ただ、開催したいというだけで突っ走った東京五輪は「史上最悪の五輪」になってしまった。

2021年

「五輪後不況」で ついに不動産大暴落

「五輪後不況」が不動産を直撃し、価格上昇がバブルにすぎなかったことがはっきりする。2018年時点で、すでにタワーマンションの価格は下落し、海外マネーは逃げつつあった。それなのに、都心では再開発ラッシュ、建設ラッシュが止まらず、供給過剰になってしまった。このバブル崩壊は、先のバブルより深刻な結果をもたらすだろう。

オリンピック後は必ず「反動不況」が来る

東京オリンピックが開催されるはるか前から、オリンピック後は不況になると言われてきた。オリンピック前は政府によって景気が刺激され、大型の公共投資が続く。しかし、オリンピック後はそれがなくなってしまう。つまり、「反動不況」がやって来るというのだ。

これは、歴史が証明している。

最近のオリンピック開催を見れば、2008年の北京も、2012年のロンドンも、開催後に赤字を計上している。新しくつくられた施設の需要が減り、設備の減価償却と維持費などの経費が捻出できなくなったからだ。とくに北京は、国の威信をかけてあれだけの巨大施設をつくったため、その反動は大きかった。ロンドンの場合は、開催直後は黒字になると言われたが、最終的には赤字になった。

じつは、オリンピック開催は、長い間、黒字を計上してきた。1984年のロサンゼルスから、オリンピックは民間の手に委《ゆだ》ねられることになり、主催者側に常に利益をもたらしてきた。1992年のバルセロナだけが例外で、それ以外の大会はいずれも黒字を計上、「オリンピックは金のなる木」とまで言われた。それが、2004年のアテネから逆転した。オリンピックは儲からなくなったのである。

もう一つ、オリンピックにはジンクスがある。それは、開催国は開催後、必ず経済成長率がダウンするということだ。これが顕著だったのが北京で、中国は前年に経済成長率14％を記録したのに、開催年と翌年は９％台にまでダウンした。

１９８８年のソウル五輪以降の夏季６大会で経済成長率を見ていくと、開催年よりその翌年が上昇したのは１９９６年にアトランタ五輪を開催したアメリカだけである。

このように、オリンピックは、〝祭りの後〟に必ずその反動が来る。

財政赤字補填のために「赤字国債」を発行

前回の東京オリンピックのときも、「昭和40年不況」（「五輪反動不況」とも呼ばれた）がやって来た。

１９６４年、五輪開催時の首相は、「所得倍増」を掲げ、高度成長路線を邁進した池田勇人《いけだはやと》だった。その池田首相が五輪後の11月に退陣し、その後を「安定成長」を掲げた佐藤栄作《さとうえいさく》が引き継ぐと、さっそく問題になったのが、景気減速による税収不足懸念だった。

１９６５年３月６日に山陽特殊鋼が倒産、５月21日に山一證券が事実上の倒産とも言える再建計画を発表すると、景気の悪化は誰の目にも明らかになった。「この不況は構造的なものではないか？」という声が高まり、佐藤内閣はそれまでの財政政策を転換しなければならない事態に陥った。

政府は閣議で、年度予算のうち公共事業費、省庁費などの「１割留保」を決めた。簡単に言うと、節約して乗り切ろうということだ。

国家財政が悪化したときに取る方法は二つしかない。「緊縮財政」にするか、「積極財政」にするかだ。つまり、節約するのか、支出を増やしてでももっと稼ぐかである。前者はハイエクであり、「小さな政府」路線。後者はケインズであり、「大きな政府」路線である。

日本は戦後に財政破綻し、ハイパーインフレ、預金封鎖という大惨事を経験している。その経験から、徹底した「財政均衡主義」を貫いてきたので、積極財政路線はありえなかった。

ところが、6月の内閣改造で大蔵大臣になった福田赳夫《ふくだたけお》は、予算の1割留保の再検討を命じ、積極財政路線に転換してしまった。具体的に言うと、財政赤字を補塡《ほてん》するための国債の発行を提案したのだ。このような「赤字国債」の発行は、財政法で禁じられていた。にもかかわらず、1回切りの「特措法」というかたちをとって発行に踏み切ってしまったのである。

1964年と2020年では日本はまったく別の国

こうして1966年、最初の赤字国債2590億円が発行された。これは、当時の国家予算の100分の1に満たない額だったため、福田赳夫から「わずかな額なので」と言われると、反対派もすぐに引っ込んでしまった。

しかし、その後のことを思うと、赤字国債の発行は日本の将来を大きく左右することになった。もうおわかりと思うが、このとき以来、日本は財政赤字を積み上げ、その額はいまや天文学的な数字に達してしまっている。

積極財政と緊縮財政では、どちらが正しいかは、そのときどきの経済の状態によるので、結論は出せない。ただし、経済が自律的なものと考えれば、政治介入による積極財政は歓迎できるものではない。もし、いくら積極財政をやっても経済が回復しなかったら、取り返しのつかない反動（バックラッシュ）がやって来るからだ。

前回の東京オリンピックは、その後に反動不況に陥ったとはいえ、結果的には大成功に終わった。戦後の日本の復興を世界にアピールでき、日本人に希望と誇りを与えてくれた。当時の日本は若い国で、人口構成年齢も若く、人口そのものも増加中で、経済のファンダメンタルズも強かった。したがって、「昭和40年不況」はすぐに克服され、日本経済は再び成長軌道に乗ったのである。

しかし、２０２０年東京オリンピック時の日本はどうだろうか？　日本は若さを失い、少子高齢化で、経済も人間も老いてしまった。１９６４年と２０２０年では、日本はまったく別の国になってしまっているのだ。そんななかで、反動不況が来たらどうなるかは、容易に想像できるだろう。

どう振り返っても、日本経済のピークは１９８０年代だった。バブルで株価も地価もピークに達し、東京23区の地価でアメリカ全土が買えると言われたほどだった。

それなのに、赤字国債の発行はずっと続けられてきた。１回緩《ゆる》めたタガは元に戻らなかったのである。しかも、国債発行額は拡大に次ぐ拡大で、２０１７年には１０００兆円を突破してしまった。このペースでいけば、五輪後の2021年には1200兆円を軽く突破してしまう。

日本政府は、これまで何度も単年度の「プライマリーバランス」（Primary Balance：基礎的財政収支）の均衡を達成することを目標としてきた。しかし、そのすべては先送りされ、安倍内閣はいとも簡単に当初の目標であった2020年達成を先送りしてしまった。

これでは、反動不況が来れば、さらに国債を増額発行するしか打つ手がないということだ。

「億ション」「タワマン」の東京バブル再び

1980年代、バブル経済がピークだったころ、日本の地価は上がりに上がった。そのため、地価の高騰《こうとう》がすべての源泉となり、経済が回ることになった。

つまり、日本経済は、土地（地価）に立脚した「土地資本主義」（土地本位制）と言えた。高度成長期をふり返ってみても、経済活動の根幹にある信用は、一貫して地価にあった。借金や貸出は、ほとんどが不動産を担保にして行われた。つまり、日本の高度成長経済は、地価の高騰によって支えられ、地価がつくり出した信用創造に基づいていたのである。

当時の日本企業の株価は、土地の値段を企業の価値として算出されていたので、その時価総額は、なんと全世界の企業の時価総額の約40％に達してしまった。これでは、バブルが弾けて当然だろう。

しかし、このような日本型土地資本主義は、バブル崩壊後30年近くもたったというのに、ほとんど変わっていない。地価はいまだに、信用の根幹にある。

バブル崩壊後、地下は一貫して下がり続け、日本は「失われた20年」に突入した。２０００年代に入ってミニバブルがあったが、それも２００８年のリーマンショックで崩壊した。

ところが、２０１３年から始まったアベノミクスは、日本の地価の下落に歯止めをかけた。安倍首相の勇ましい掛け声につられ、都心の物件価格は少しずつだが上昇するようになったのである。

すでに世界の大都市に比べて十分に安くなっていた東京の不動産は、アベノミクスによる円安のせいもあって、海外富裕層の格好の投資先になった。中国人富裕層を中心とする外国人たちが「トーキョーは安い」と、不動産投資に参加するようになった。

そこにやってきたのが、東京オリンピックの開催決定だった。これが、東京の不動産価格の上昇に再び拍車をかけた。その人気は、主にベイエリアや都心の物件に集中した。ベイエリアや都心に建った1億円を超える「億ション」や「タワマン」（タワーマンション）は発売と同時に完売するようになった。また、日本の中心地、銀座や丸の内では「ジェントリフィケーション」（Gentrification：都心部の高級化）により再開発が進んだ。

しかし、これは、日本の実体経済を反映したものではなかった。人口減社会になった日本に、全体として不動産の実需があるわけがないからだ。東京だけが例外として行われた不動産投資だった。

２０１５年の夏、私は東京の不動産業者を何軒か取材した。そこで聞いたのは「デベロッパーはメディアに『よく売れている』と言っていますが、実際に建てているマンションの多くは1棟で800戸や1000戸もあるようなタワマンばかりで、実需に基づく住宅用の物件ではありません。タワマンは高価格帯からよく売れていますが、買っているのは相続税対策の富裕層と外国人だけです」という話だった。

2015年から相続税が増税されたため、その対策として日本人富裕層がタワーマンションを買うようになったが、実際には住んでいなかった。外国人もまた同じだった。

10年前、1都3県のマンションの供給戸数は年間約10万戸だった。それが半分に落ちたなかで、東京都心だけに集中してマンションが建っていたのである。

バブル後ピークに達した銀座で異変が……

東京の不動産価格がバブル期以後でピークに達したのが、2017年だった。路線価（1月1日時点）日本一は、32年連続で銀座の鳩居堂前《きゅうきょどう》となったが、その1平方メートル当たりの価格は、前年より26％アップの4032万円。これは、バブル期のピーク3650万円を突破し、過去最高だった。また、鳩居堂前の路線価は3年連続で2ケタ上昇が続き、2014年からは7割も伸びた。

なぜ、銀座の不動産は、バブル期を超えてしまったのだろうか？

これは、2020年の東京五輪を見込んだ投資が活発化するなかで、外国人観光客の増加というインバウンド効果が拍車をかけたからだ。五輪が決まるや、銀座のジェントリフィケーション計画は次々に具体化していった。
「GINZA SIX（ギンザシックス）」、「東急プラザ銀座」、「銀座プレイス」、「東京ミッドタウン日比谷」などの複合商業施設、「ハイアット セントリック」「ザ・スクエアホテル」「MUJI（無印）ホテル」「東京エディション銀座」などの高級ホテルが、2020年の五輪開催を目指してつくられることになった。

その口火を切ったのが、2016年4月に開業した「GINZA SIX」で、ここは鳩居堂ビルの目と鼻の先の松坂屋跡地を含む2街区に建設され、銀座エリアの商業施設としては最大規模となったため、周辺でも開業を見越した不動産取引が活発になった。つまり、鳩居堂前が記録を更新した直接の原因となった。

しかし、異変は間もなくやってきた。それは、銀座中央通りに面するビルのスペースが一部埋まらなかったことだ。このことを耳にした私は、ある不動産業者に聞いてみたところ、次のような返事が返ってきた。

「たしかにそうです。中央通りの路面店に空室が出たことは過去にはないので、驚いています。これは、中央通りばかりではないのです。1、2、3丁目の裏通りでも空室が出ているんです。「GINZA SIX」ができて、ディオールなどのブランドショップが持っていかれ、それで観光客の流れが変わったからだと思います。

銀座だから、裏通りといっても家賃は高いので、客足が遠のけば退出するテナントも出ます。

それに、中国人の爆買いも終わり、高級品も売れなくなっていますしね」

この業者が言うには、2017年の暮れ時点で、並木通りの「並木館」「コイズミビル」、6丁目の「不二家ビル」、4丁目松屋通りの「銀座橋ビル」などに空室が出ていた。

不動産というのは、投資家に言わせると、都市の中心部以外は意味がない。なぜなら、上がるも下がるも中心部から始まり、しかも価格変動率が大きいからだ。

となると、銀座のこの現象は、これから確実にやってくる不動産暴落の兆候と言えた。

中国マネーが逃げ、相続税対策も無意味に

銀座もそうだが、都心部の青山、赤坂、渋谷、そしてベイエリアなどの商業施設、億ション、タワマンなどには、海外のファンド、中国人富裕層を中心とする海外マネー、そして、日本人の富裕層マネーが大量に流れ込んでいる。海外ファンドや海外マネーは転売益が目的で、日本人富裕層マネーは主に相続税対策が目的だ。実需で買っているわけではないので、きっかけがあれば確実に暴落する。

これは、不動産価格の上昇が主に東京だけで起こってきたことを考えればわかることだ。地方では人口減により実需がないため、不動産は値下がりを続けている。つまり、これはバブルであり、バブルはいつか弾ける。

それを見越して、もっとも早く逃げ出すのが、中国マネーである。東京の不動産に流れ込ん

でいる中国マネーは、すでに自国開催の北京五輪で、不動産バブルの崩壊を経験し、それに学んでいる。いつまでも引っ張っていると、結局はソンをするとわかっている。

つまり、タイミングが重要なのだが、それを決めるのが税金の問題だ。日本の税制では、不動産購入後5年以内に売却すると売却益に35％の税金がかかる。5年以上経過すると、この税率は21％に減額される。なんと14ポイントも違いが出るので、彼らは購入から5年は持ち続ける。

東京五輪の開催が決まったのは、2013年9月だった。それで、調べてみると、湾岸エリアのタワマンがもっとも売れたのが2014年である。となると、中国マネーはそこから5年後のタイミングで、転売して逃げ始めることになる。

中国マネーの次に東京の不動産に流れ込んだのが、日本の富裕層マネーである。それを促進したのが、前記したように、2015年から始まった相続税の増税だ。この年から、相続財産評価額から控除できる基礎控除額がそれまでの60％に減額された。これにより、節税対策として、不動産会社から金融機関まで、土地オーナーに対して相続税対策としてアパートや賃貸マンションの建設を提案し、結果として貸家の着工が増えた。

銀座の不動産もそういう一面があり、賃料収入（利回り）には目をつぶっても、相続税の節税対策で購入した地方の富裕層がけっこう多かった。

タワマン、億ションの場合は、これはほぼ間違いなく相続税の節税のためである。億を超える高級マンションを住戸単位で購入し、賃貸に回すことで、節税効果が高まる。

相続税の評価は、キャッシュは額面のまま、株式や債券は市場の取引価格となる。これに対して、家やマンションの相続税評価額は時価に比べかなり低くなるからだ。しかし、マンション価格自体が暴落してしまえば意味はない。

売れ残りも出るようになった高級マンション

それにしても、高級マンションが、あまりに建ちすぎてしまったと言えるだろう。建てれば即完売、転売されてもすぐに買い手がついたからだが、その潮目が変わったと、２０１８年５月に週刊誌の「週刊現代」（２０１８年5月26日号）が報道した。

「ついに始まった！『高級マンション』投げ売りから暴落の悲劇」というタイトルのその記事では、いくつかの高級マンションの売れ残りが挙げられていた。

たとえば、２０１7年8月に竣工した「プレミスト六番町」（千代田区）は、全46戸中４戸が売りに出されていて、そのすべてが「新築未入居」のままだった。これは、誰かが「転売目的」で購入したが、買い手がつかず売れ残っている状況を表していた。記事は、こう書いていた。

《4億６０００万円の部屋は分譲時と同額だし、それとは別の分譲時2億９９００万円だった部屋ははじめ3億２０００万円で売りに出されていたが、買い手がつかず、つい先日、２億９３

00万円にディスカウントされた。分譲時の価格より安い。売り主は1000万円単位の損を覚悟で、売りに出しているわけだ》

「週刊現代」は、2017年以降に都内で新築されたマンションのうち、1億円を超える高級物件を精査したとし、さらに売れ残っている例として「ザ・パークハウス西新宿タワー60」(新宿区)、「パークコート赤坂檜町ザ・タワー」(港区)、「ブリリアタワーズ目黒」(目黒区)、「プラウド六本木」(港区)などを挙げていた。

また不動産業者の声として、今後はタワマンが林立したベイエリアが危ないと指摘していた。

東京五輪の会場は、ベイエリアに集中する。なかでも、選手村は晴海《はるみ》エリアの一番西にある晴海5丁目に建設される。ここは、築地《つきじ》から移転する豊洲《とよす》新市場のある豊洲ふ頭と、運河を挟《はさ》んだ中央区側に位置する。

敷地面積は東京ドーム3個分にほぼ匹敵する約13万平方メートルで、ここに14～18階建ての宿泊施設21棟と商業棟がつくられるが、問題は五輪後だ。計画では、宿泊施設をマンションに改修し、さらに50階建てのタワマン2棟を建設。全部で、合計約5650戸のマンションを供給するというから、数万人規模の新しい街が誕生することになる。

これは素晴らしいことかもしれないが、不動産業者が懸念しているのは、これによって供給過剰になることだ。もはや五輪前でも供給過剰なのに、五輪後もそれが続けばどうなるかは書くまでもないだろう。

郊外都市にあふれる「負け組不動産」

ここまでは、都心部について述べてきたが、タワマンや億ションなどの話は庶民には関係ないと思っている方も多いと思う。しかし、それはとんでもない誤解だ。都心部が崩壊すれば、その影響は郊外、地方にも及ぶ。高級物件が暴落すれば、あらゆる不動産が暴落する。すでに、東京郊外はこうなっていて、この問題は高齢化の進展とともに深刻化している。

東京郊外の通勤圏にある都市、かつてベッドタウンと呼ばれた郊外都市の住宅地を歩くと、雨戸を閉め切って戸締りされた、一目で人が住んでいないとわかる家が多いことに驚く。とくに、1970年代から80年代にかけて開発された住宅地にこうした空き家が目立つ。売りに出ているのだが、買い手がつく気配もない。

したがって、どんどん老朽化し、住宅地は寂《さび》れていくばかりになっている。では、これらの空き家の住人はいったいどこへ行ってしまったのだろうか?

郊外の戸建て住宅を持っている人々というのは、かつて日本の高度成長期に東京に出て、その後、働いて貯めたおカネとローンでマイホームを購入した人々である。そんな彼らの多くが、いまや高齢者となった。なかには、すでに介護施設や医療施設へ入ってしまった人もいる。老人ホームのほうが面倒を見てくれると移ってしまった人もいる。

ならば、子どもたちがそこに住めばいいいと思うが、そうはいかない。彼らの子どもたちの多くは、独立すると都内で仕事に就き、都内でマンション住まいを始めている。給料が下がり続けるなかでは、夫婦共働きでないと生活は苦しい。とくに子どもができると、郊外に住んでいては通勤に時間をとられ、仕事も子育てもおろそかになる。そこで、職住接近を選択したのだ。

こうして、たとえばかつてはトレンディだった郊外の住宅、地名で言うと「○○ガ丘」などは、いまや本当に寂れてしまった。それでもまだ住んでいるお年寄りがいる。

「ここに引っ越してきたときは眺めもよかったし、庭もあったので、それなりに満足していました。ところが、歳をとって子どもも独立してしまうと、駅前のスーパーに買い物に行くのも億劫《おっくう》です。ともかく坂道がきつい。ここを売って都心に移りたいのですが、買い手がいません」という声を頻繁《ひんぱん》に聞くようになった。

このような売れない戸建ては「負け組不動産」と呼ばれている。

不動産というのは、持っていれば固定資産税がかかる。たとえ住まなくなっても持っているだけで固定資産税を払わなければならない。固定資産税は、上物の住宅を処分して更地にしてしまうと跳《は》ね上がる。そこで、空き家のまま放置された物件が、いまや全国規模であふれている。

現在、首都圏に居住している65歳以上の高齢者は約900万人。やがて、それが1000万人、1100万人となっていく。そうして、その分、「負け組不動産」が増えていく。

東京五輪以後は、かつてのバブル崩壊に匹敵する不動産の暴落が、東京を直撃するだろう。

2022年

中国人に見捨てられ「観光立国」終焉

2020年に「訪日外国人4000万人」を目指して進められてきた「観光立国」政策。はたして、日本は思惑どおりに観光大国になれるのだろうか？　じつは、中国人にそっぽを向かれた途端に、この政策は破綻する。東京五輪後は、どう見ても訪日外国人旅行者は減少する一方になるだろう。

2020年「訪日外国人4000万人」が目標に

いつからだろうか、「観光立国」ということが盛《さか》んに言われるようになり、それがついに「国策」になってしまったのだから驚く。そもそも観光で国を立てるなどというのは、日本のような先進国家、先進技術による工業製品生産で経済を成り立たせてきたような国がやることではない。観光業というのは、ほかに十分な産業がない国が振興するものであって、日本のような国が積極的に振興するのはおかしい。まして、観光業で「国を立てていく」というのは、魔が差したとしか思えない。

しかし、それが実際に起こってしまった。

2017年3月、政府は「観光立国推進基本計画」という観光推進政策を閣議決定した。これにより、観光業は、日本の推進すべき産業の一つになってしまったのである。

この計画は、2020年までに、主に次の三つの目標を達成することから成っていた。

(1) 国内旅行消費額を21兆円にする(2015年実績値:20・4兆円)。
(2) 訪日外国人旅行者数を4000万人にする(2015年実績値:1974万人)。
(3) 訪日外国人旅行消費額を8兆円にする(2015年実績値:3・5兆円)

［図表３］訪日外国人旅行者数の推移

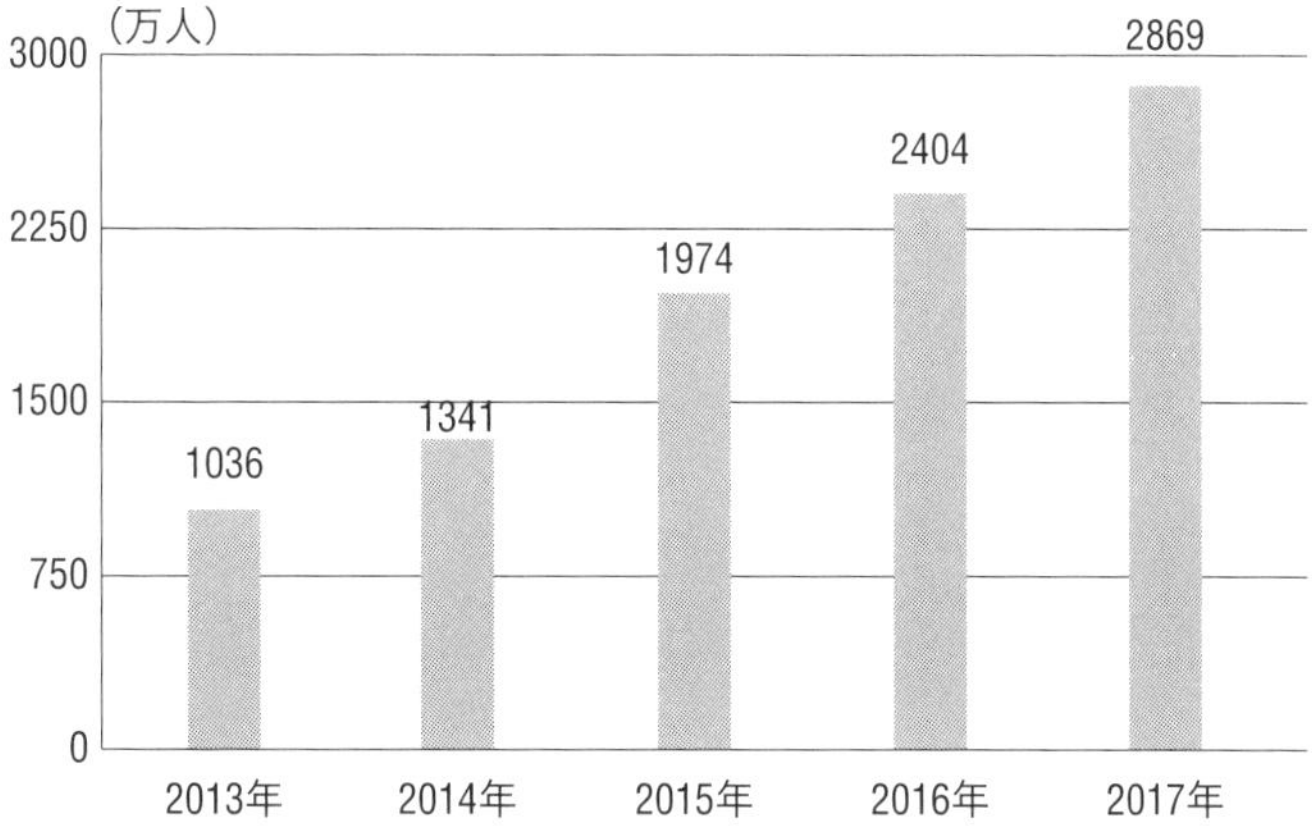

出典：日本政府観光局（JNTO）　単位：万人

このなかの「訪日外国人４０００万人」は、その後、メディアで盛んに取り上げられた。それにより、日本中で観光投資が活発化することになった。

２０２０年といえば東京五輪の年。黙っていたって、世界中から観光客がやって来る。しかも、データを見れば、訪日外国人旅行者数は、年々、ものすごい勢いで増えている。実際、「訪日外国人４０００万人」が掲《かか》げられた２０１７年の訪日外国人旅行者数は、史上最高記録を更新している。これなら４０００万人も夢ではないと考えたのだろう。

日本政府観光局（ＪＮＴＯ）の集計によると、２０１７年の１年間に日本を訪れた訪日外国人旅行者数は約２８６９万人。２０１３年は約１０３６万人だったので、なんと、たった5年の間で約２・８倍にもなっている。

上掲の図表3が、２０１３年からの訪日外国人旅行者数の推移である。

これを見れば、誰もが政府目標は達成できる、日本は観光立国になれると思うだろう。

しかし、本当にそうなるだろうか？

観光ビジネスは、一種の「水商売」である。観光地には流行《はや》り廃《すた》りがある。それは、国内でもかつて流行った観光地がいまは誰も行かなくなったというようなことを思えば、容易に想像がつく。はたして、日本は、世界中から毎年確実に、大量の観光客が訪れるような国になれるのだろうか？　それほど、恒久的な観光資源に恵まれているのだろうか？

なぜ「観光立国」が国策になったのか？

そこで、まず「そもそも論」を書いておきたい。なぜ、日本は「観光立国」を国策にしなければならなかったのだろうか？

デフレが続き、国内消費はまったく伸びない。新製品の売れる期間は短くなり、販売量も年々減っている。そんな経済のなかで、驚異の成長を遂げていたのが、外国人観光客の消費だった。とくに中国人観光客の「爆買い」は目立った。そのため、ここにフォーカスしてしまったのが、最大の理由であろう。

アベノミクスは口先だけで、「第3の矢」である規制緩和をほとんどやらなかった。そのため、成長分野がどんどん減り、企業は海外で稼ぐことばかりに注力するようになった。人口減で国内経済はシュリンクする一方だから、企業はこうするほかなかった。そして、これに円安が重なり、一部企業の収益は「史上空前」と言われるまでに拡大した。

しかし、これを日本経済の復活、好調とは言えない。なぜなら、史上空前の企業収益は、国内と海外を合算したものであり、なおかつ海外比率が圧倒的に高かったからだ。つまり、いくら収益を上げていても、ほとんどが海外収益なので、それは国内に還元されない。となると、国内市場に目をやれば、観光消費だけが目立っている。

つまり、観光立国は、国内消費の不振と裏腹の関係にあった。国内GDPを支える主要産業が不振だから、仕方なく観光業を促進することにしたという、きわめて消極的かつ他力本願の政策だったのである。

「日本は世界から注目される旅先になった」「やっぱりクールジャパンは強い」などと、浮かれているような話ではなかったのだ。

国際収支のなかに「旅行収支」という項目がある。これは、日本の場合、海外で日本人旅行者が消費した額を「支出」とし、日本を訪れた外国人旅行者が国内で消費した額を「収入」として、収入から支出を引いたもの。統計上、国際収支のなかの「貿易・サービス収支」にカウントされ、貿易収支と同じ扱いになる。

かつては、この旅行収支は赤字だった。とくに1980年代は海外旅行が大ブームになり、訪日外国人旅行者数より日本人の海外旅行者数が圧倒的に上回ったので、毎年、旅行収支は大幅な赤字を記録した。そして、この赤字は、当時大いに歓迎された。

なぜなら、「国際収支の大幅な黒字を少しでも減らすことに貢献した」とされたからである。当時の日本は、アメリカから貿易黒字を減らせと圧力をかけられていた。2018年、トランプ政権が中国に対して行っているのと同じ状況に、当時の日本はあった。

しかし、時代は逆転した。21世紀になって訪日外国人旅行者が増加するとともに、旅行収支の赤字額は減少し、ついに2014年には2099億円の黒字となった。これは1959年以来、なんと55年ぶりのことだった。

かつては赤字が歓迎されたのに、今度は黒字が歓迎され、それが国策になる。日本という国が、いかに大きく変わってしまったかがわかるだろう。

訪日外国人観光客とはどんな人々なのか?

それでは、増え続けてきた訪日外国人旅行者の中身を見ていきたい。

日本政府観光局（JNTO）のデータによると、2017年の訪日外国人旅行者の国別内訳は、図表4（71ページ）の円グラフのようになっている。

1位が中国で735・6万人、2位が韓国で714・0万人、3位が台湾で456・4万人、4位が香港で223・2万人。この東アジア4ヵ国だけで合計2129・2万人。これは、なんと訪日外国人旅行者（総数は2869・1万人）の約4分の3を占めている。

訪日外国人旅行者といっても、それは欧米人ではなく、隣国の東アジア4ヵ国の人々なので

［図表４］ 訪日外国人旅行者の国別内訳（2017 年）

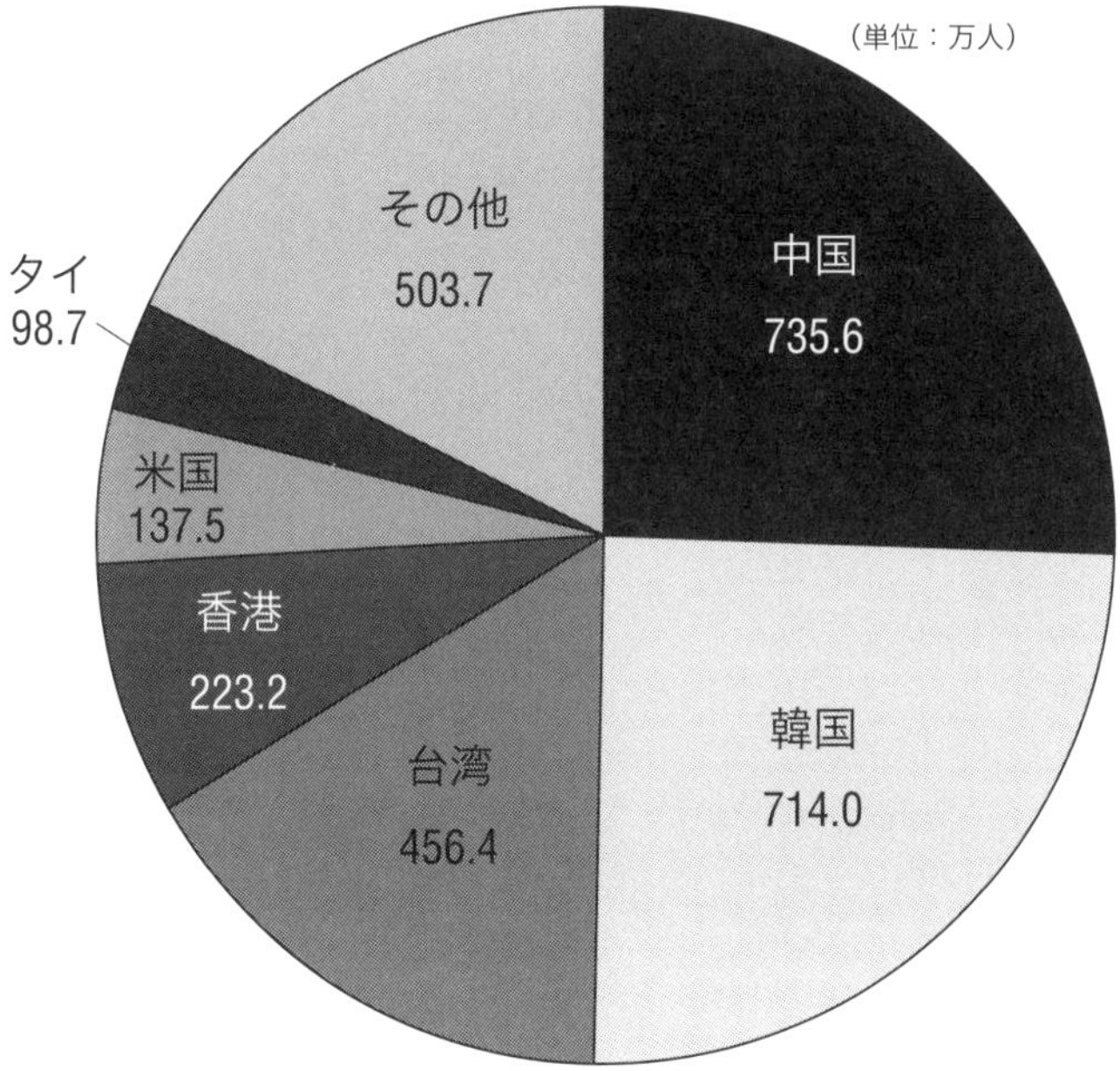

出典：日本政府観光局（JNTO）

ある。この円グラフにはタイの98・7万人しか分類されていないが、マレーシア、ベトナム、インドネシアなどの東南アジア諸国からの旅行者も伸びている。これに、中東などを加えると、日本人が一般的にイメージする「外国人」＝「欧米人」は、訪日外国人旅行者の1割にも満たない。かろうじて、在日米軍基地があることで、米国人がかなりの数の137・5万人訪日しているだけだ。

では、どの国の人々が増えているのだろうか？

東アジア4ヵ国で見ると、圧倒的に増加しているのが韓国で40・3％増である。次が香港で21・3％増。その次が中国で15・4％増。4番目が台湾で9・5％増である。ただ、総数で見ると、中国の735・6万人が抜けていて、2017年までの増加率を単純に引き伸ばしていくと、2020年に1000万人に達する可能性がある。

ただし、問題は、彼らがどれくらいおカネを日本に落としてくれるかである。

次の図表5（73ページ）は、国籍・地域別の訪日外国人旅行消費額と構成比のグラフだ。中国が断トツで、全体の約4割を占めている。これに対して、訪日人数ではほぼ変わらない韓国は約1割。中国人に比べて、3分の1しかおカネを使っていない。つまり、なんといっても中国、中国人は日本の観光業の「ドル箱」なのである。

次に示すのは、上位5ヵ国の金額と比率だが、この5ヵ国で8割近くを占めている。ここから米国を除けば、結局、日本の観光業は、東アジア4ヵ国に依存しているということになる。

［図表５］国籍・地域別の訪日外国人旅行消費額と構成比（2017年）

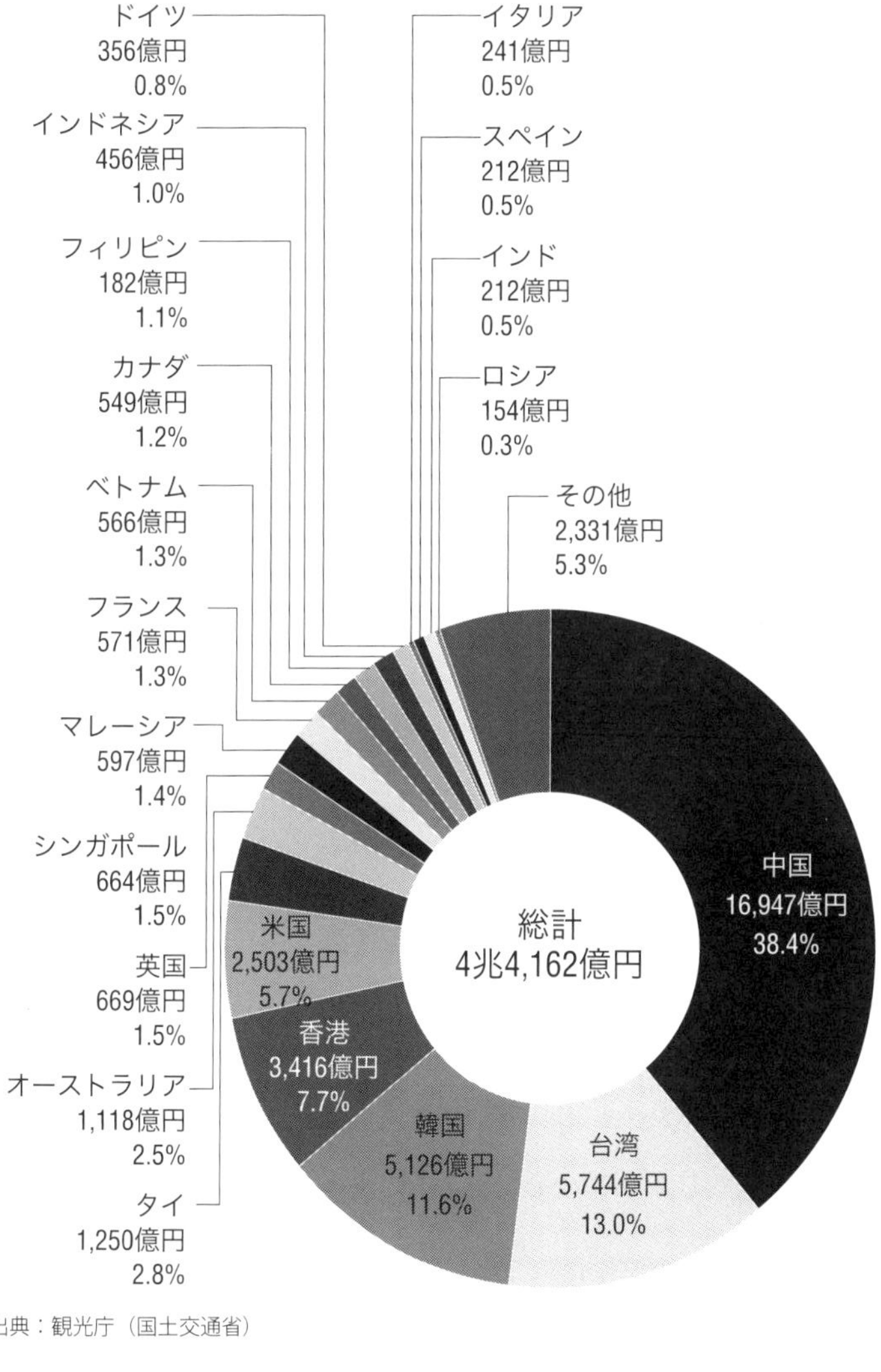

出典：観光庁（国土交通省）

1位　中国　1兆6947億円（構成比38・4%）
2位　台湾　5744億円（同13・0%）
3位　韓国　5126億円（同11・6%）
4位　香港　3416億円（同7・7%）
5位　米国　2503億円（同5・7%）

中国人が海外旅行先に日本を選ぶ理由

なぜここまで中国人観光客が増えたのかには、いくつかの理由がある。ただし、中国人にとって日本が魅力的な国だからという抽象的な理由を第一に挙げると、状況を見誤ってしまう。なぜなら、中国人はいまや世界中の国々を訪れていて、日本だけで増加しているわけではないからだ。

中国は、日本はもちろん、タイ、韓国、ベトナム、カンボジア、ロシア、モルジブ、インドネシア、北朝鮮、南アフリカの10ヵ国にとって最大の観光客の送り出し国となっている。また、これら10ヵ国において外国人観光客のうちの約3割が中国人となっている。さらに、2017年、中国は南極を訪れる観光客数で世界第2位に躍進した。

いまや、世界中どこに行っても中国人観光客に出会う。取材や観光で世界を歩いて、このことを実感しないことはない。そこで以下、とりあえず日本だけに限って、中国人観光客増加の理由を挙げてみたい。

(1)　ビザ発給条件の緩和
中国では、1997年から日本への団体旅行が解禁され、2009年から富裕層に向けて個人旅行のビザ発給が始まった。その後、2015年にはさらに発給条件が緩和された。

(2)　円安元高とLCC
円安元高により、旅行費用は以前よりはるかに安くなった。これに輪をかけたのが、LCCの発展で、アジア圏内はLCCによりずっと安価で旅行できるようになった。

(3)　日本製品の魅力
日本製品は品質がいい。しかも、電気製品、化粧品、医薬品などは、中国本土のモノに比べてはるかにコスパがいいので、中国人は「爆買い」する。

(4)　日本はもっとも近い外国
中国人は日本という国自体にはほとんど興味がない。ともかく海外旅行をしたというステイタスがほしくて海外に行く。そのため、もっとも近い外国の一つとして、日本が選ばれた。

以上の四つが、中国人が日本を選んだ主な理由だ。

私は、娘が一時中国の南京大学に留学していたこともあり、その縁で、これまで何組かの中国人ファミリーを、東京や箱根に案内した。それでわかったのは、彼らは観光スポットと買い物、食べ物にしか興味がないということだった。銀座や秋葉原で買い物をし、浅草なら雷門《かみなりもん》、箱根なら富士山をバックに芦ノ湖《あしのこ》で写真を撮れば、それで満足する。

日本の自然、歴史、伝統などには興味はなく、まして、クールジャパンなどどうでもいい。浅草寺《せんそうじ》クラスのお寺など中国には山とあるし、箱根クラスの景観は中国の大パノラマに比べたら、ただの箱庭だ。

それで、「では日本に来て何がよかった」と聞くと、「本当に空気がきれいでびっくりした」と言うのである。北京や上海の空気汚染のなかで暮らしている彼らにとって、日本のクリーンな空気は何物にも代えがたい。

東京は中国人にとって魅力のあるハイエンドな大都会だと、日本人は思い込んでいる。しかし、実際は、東京よりバンコクやシンガポールのほうが、中国人には人気がある。当然だが、香港、マカオはさらに人気がある。

次は、調査会社「ユーロモニターインターナショナル」による「世界の観光都市ランキングトップ10」だが、ここに東京は入っていない。東京は、927万人で13位、10位のクアラルンプールより下なのである。

東京は、2010年代になって、急に中国人がやって来るようになっただけだ。

《世界の観光都市ランキング、トップ10》
1位　香港（香港）　2660万人
2位　バンコク（タイ）　2120万人
3位　ロンドン（英国）　1920万人
4位　シンガポール（シンガポール）　1660万人
5位　マカオ（マカオ）　1540万人
6位　ドバイ（アラブ首長国連邦）　1470万人
7位　パリ（フランス）　1440万人
8位　深圳市（中国）　1260万人
9位　ニューヨーク（米国）　1270万人
10位　クアラルンプール（マレーシア）　1230万人
……
13位　東京（日本）　927万人

「爆買い」の終了と旅行形態の変化

中国人観光客といえば、なんといっても「爆買い」だが、「爆買い」は年々減っている。いま振り返ると、「爆買い」のピークは2015年4―6月期で、それ以降は中国人1人あたりが日本国内で消費する金額は減少した。そのため、2016年の半ばには早くも「爆買いは終わった」と言われるようになった。

ではなぜ、「爆買い」は終わったのだろうか？

次の四つの原因が挙げられる。

(1) 人民元安になったこと

(2) 越境ECの発達（わざわざ日本に来て購入しなくともネット通販で購入できるようになった）

(3) 関税の引き上げ（中国は2016年4月から、旅行者が海外で購入したものを国内に持ち込む際の関税を引き上げた。たとえば、高級時計30％→60％、化粧品50％→60％など）

(4) 習近平政権よる反腐敗運動（「ぜいたく、派手な暮らしは敵」とされ当局に睨《にら》まれるようになった）

しかし、1人あたりの消費金額は減っても、訪日中国人観光客は増え続けてきたので、全体での消費は減らなかった。単価の減少を数量でカバーできたからだ。ただし、2019年以降はまったくわからない。とくに、東京五輪後は、観光客数も減少に転じるのは間違いないだろう。

それは、中国人といえども、旅行形態が団体ツアーから個人旅行に変わったからだ。当初、ビザ緩和で大挙してやって来た中国人観光客は、主に北京や上海などの大都市部の中流層だった。彼らはほとんど団体ツアーでやって来た。しかし、2回目（リピーター）となると、個人でやって来るようになった。ただし、1回日本に来た人間が再び来るかというと、それはほとんどない。世界にはほかに行くところがいっぱいあるからだ。

したがって、2015年以降に訪日している中国人観光客は、中国の2級、3級都市の人々であり、この需要が一巡すれば、観光客数は必ず減少に転じる。

すでに、世界の観光は、個人ツアーが主流になり、人々は、お仕着せの旅より自分なりの旅を楽しむようになった。そのため、かつての観光地や景勝地巡りから、体験型、滞在型に旅は大きく変わった。人々は「リゾート」、「美食」、「自然探索」、「アウトドア」、「歴史探訪」、「住民交流」などを旅の目的とするようになった。

もちろん、こうしたトレンドを引っ張っているのは欧米人であり、ある意味、私たち日本人もそうだ。それにやっと、中国人もついてきているというのが現状だ。いまや東南アジアのビーチリゾート、プーケット、ランカウイ、バリ、モルディブなどは、中国人であふれている。

そこで、こうした旅がさらに主流になるとどうなるかと考えれば、日本が魅力的なディスティネーションでなくなるのは明白だ。

滞在型ラグジュアリートラベルができない

私が前々から指摘してきたことがある。

それは、富裕層の取材をしてわかったことだが、日本の観光インフラは、欧米人観光客のニーズに適していないということだ。

極東の島国、この日本にわざわざやって来る欧米からの観光客は、若いバックパッカーたちを別として、ほとんどが欧米の富裕層か中流上位層である。彼らは、ほぼ東京か京都と、その周辺の温泉地にしか行かない。それ以外では、オーストラリア人の聖地となった北海道のニセコ、古民家宿泊ができる飛騨高山《ひだたかやま》などがあるだけだ。

そんななかで、やはりいちばん人気があるのが京都である。京都は、旅行誌の「Travel + Leisure」「Condé Nast Traveler」などの人気都市ランキングでは、常に最上位をキープしている。ただ、残念なことに、京都だけが上位にランクインして、日本のほかの都市のランクは低い。

なぜ、欧米富裕層は京都を好むのだろうか？

それは、第一に、日本文化を堪能できる歴史的な場所であるということ。そして、ラグジュアリーステイと食文化が楽しめるということだ。

彼らは、龍安寺《りょうあんじ》にある日本庭園や、神社仏閣の独特の造りに興味を示し、さらに日本の伝統的な食文化が味わえることに感激する。つまり、オリエンタルであること、ジャパネスクであることが京都の最大のウリである。そして、これにラグジュアリーステイが伴っているので、京都は人気がある。京都には、リッツ・カールトン、ウェスティン、ハイアットリージェンシーなどの外資系の五つ星ホテルのほとんどがあり、さらに最高級の和風旅館がある。

ところが、東京には欧米富裕層向けの外資系高級ホテルはほとんどがそろっていても、世界の大都市なら普通にある高級ブティックホテル、高級コンドミニアムがほとんどない。いつも思うのだが、なぜ、東京には長期滞在が可能なコンドミニアムがないのだろうか？　さらに、欧米なら当たり前の富裕層向けのバトラー（執事）やコンシェルジュサービスもほとんどない。ミシュランの星レストランが世界一多いのに、こうしたことは本当に不思議だ。そのせいか、欧米富裕層は、東京には長期滞在をしない。

ロンドン、ニューヨーク、シンガポールには、世界の富裕層が居《きょ》を構えているか、あるいは長期滞在をする邸宅がある。ところが、東京にはそんな人間は1人もいない。

富裕層の旅のスタイルは、一般層にコピーされる。一般層は、富裕層よりおカネをかけないで、同じような旅を楽しむ。だから、観光ビジネスはまず富裕層向けに特化し、そこからすそ野を広げていかねばならない。しかし、日本の観光ビジネスは、長く一般層を相手にしてきたため、こうした分野が育たなかった。

観光資源はあるのに観光インフラが貧弱

私は古都・鎌倉で育ったが、鎌倉の観光施設の貧弱さにはがっかりする。京都と比べたら、それこそ10分の1以下のポテンシャルしかない。とくに、宿泊施設は話にならない。五つ星ホテルもない。これは東京から近いから必要ないと考えたからだろう。観光バスの1日ツアーで十分だと思ったからだろう。

しかし、滞在型観光が主流となったいまの旅では、そんな考え方でいると墓穴《ぼけつ》を掘る。古都の文化遺産と目の前に湘南海岸という有数の資源があるのに、このままでは欧米人ばかりか、中国人にもそっぽを向かれるだろう。

欧米の若者たちは、若いときに世界中を見て歩く。とくにドイツの若者は「アビトゥア」（Abitur：大学入学資格を得る卒業試験）に受かればいつでも大学に入れるので、バックパッカーとして世界を旅する。アメリカの学生も、「スタディアブロード」（海外学習）があるので、海外に出る機会は多い。アジアを旅すると、こうした学生たちによく出会う。

そんな彼らが好むのは、やはり、その国特有の文化や伝統が残る地方であり、大都市や観光地らしい観光地ではない。日本の観光地によくある温泉旅館とホテルが合体したようなところは、人気がない。古民家群がある飛騨高山が人気になったのは、こうした背景がある。欧州ではかなり前から「アグリツーリズム」が人気になったが、日本にはこれがない。

日本の地方の自然と文化は素晴らしいのに、その魅力を活かしきれた観光ビジネスができていない。本当に残念だ。さらに、日本は、基本的な観光インフラが整っていない面がある。

ついこの間まで、コンビニのＡＴＭでは海外銀行のカードは使えなかった。海外のクレジットカードでは券売機で電車の切符も買えなかった。また、Wi-Fiがなくて、スマホが使えないで困っている外国人をよく見かけた。

インフラといえば、配車サービス「Uber」（ウーバー）は認可されず、民泊サービス「Airbnb」（エアビーアンドビー）も、２０１８年6月に民泊新法が施行されて、事実上、使えない状況になっている。

さらに、日本では、英語が通じない。英語は、ほかのアジアの国と比べても最低のレベルにある。

これで、日本は、はたして「観光大国」になれるのだろうか？　中国人旅行者の増加は、いっときだけのブームにすぎないのではなかろうか？

カジノでさらに中国人を呼び込む皮算用

２０１８年7月20日、罵声《ばせい》が飛び交うなか、「カジノ法案」（正式には「統合型リゾート（ＩＲ）実施法案」）が成立した。これで今後、全国３ヵ所でカジノ（ＩＲ施設の一つとして）がつくられることになった。

このカジノ建設は、そもそも東京五輪に合わせて考えられていた。つまり、観光振興策の一環であり、観光大国ニッポンの象徴となるはずだった。それがここまで大きく出遅れたので、実際にカジノができるのは、東京五輪の後ということになった。

では、このカジノは目論見《もくろみ》どおり、海外の観光客を呼び込めるだろうか？　マカオやシンガポールが成功したように、巨額の海外マネーを日本に落とさせることが可能だろうか？

カジノ法案はその中身を見ると、ターゲットは明らかに海外からの旅行客である。ずばり言えば、中国人である。なぜなら、日本人客の入場回数は週3日、月10日までに制限され、1日あたり6000円の入場料を取るからだ。

となると、日本のカジノは、ラスベガス型ではなく、明らかにマカオ型になる。ラスベガス型というのは、顧客のメインが子どもも含めたファミリーで、売り上げの6割がショッピング、ショー、飲食などで、カジノは4割にすぎないというもの。これに対して、マカオ型では、売り上げの8割がカジノである。この中間がシンガポール型で、シンガポールの場合は国際会議や国際イベントが多いので、カジノとほかの売り上げは半々である。

となると、日本のカジノは、「ハイローラー」（High Roller：多額の賭け金を使う上顧客）を集めるために、積極的に営業活動をしなければいけない。さらに、マカオ、シンガポール以上のエンターテイメントとショーをそろえ、中国人富裕層が好むものをすべて提供できるようにしなければならない。さらに、人民元をどうやって持ち込んでもらうのか、その方策まで考えなければならない。

はたしてそんなことが可能だろうか？　それができなければ、中国人の上客はみなマカオかシンガポールに行ってしまう。

すでに、カジノはアジア中にある。マレーシアにもフィリピンにもある。韓国にもある。これらはいずれも、マカオ、シンガポールほどの成功を収めていない。ちなみに、マカオは売り上げの7割、シンガポールは売り上げの5割がハイローラーからとされている。

たとえば、お台場にカジノができ、カジノ入り口には「欢迎光临」（歓迎光臨：ファンイングヮァンリン）の大きな垂れ幕がかかる。そして、簡体字の看板がそこら中に立ち、中国語が飛び交う。そんな東京を、私は想像できない。

2023年

財政破綻秒読み！
政府が
個人資産を奪う

日本の財政は悪化の一途をたどっている。債務残高が、対GDP比で200%を超える国は、現在、世界で日本だけである。それなのに、これを改善しようとする政治の動きはまったく見られない。このままいけば、五輪後不況から成長率のマイナスが常態化し、国民生活はどん底に突き落とされるだろう。

アベノミクスは財政規律を崩壊させた

21世紀になってから、日本経済は現状維持がやっとになった。世界中が成長しているというのに、日本だけが超低成長か現状維持。マイナス成長になった年もあった。

そのため、ＧＤＰでは中国に抜かれ世界第3位に転落、１人あたりのＧＤＰ（ドルベース）では２０００年に第2位だったのに、２０１７年には25位にまで順位を落としてしまった。

このままいけば、２０２０年以降は、先進国グループとされるＧ７のなかで、もっとも貧しい国になるのは間違いない。

そうして、とうとうというか、そうなって当然というか、私たちの暮らしを「財政破綻」による経済崩壊が直撃する。

日本の財政をここまで悪化させた最大の原因は、２０１３年に始まったアベノミクスである。安倍首相が得意げに言い放った「３本の矢」のうちの１本、「量的緩和」（異次元緩和＝黒田バズーカ砲）が財政規律を崩壊させてしまったからだ。戦後の政権で、ここまで野放図《のほうず》に国債を発行し続けた政権はなかった。もともとアベノミクスは、異次元緩和以外は何もなかったと言っていいので、こうなるのは歴史的必然であろう。

緩和によって市中におカネがあふれ、それによって経済はデフレからインフレになる。そうなれば、企業も人ももっとおカネを使うようになる。こうして景気は回復していくと、「リフレ派」と呼ばれる人々は主張した。安倍首相はこれを鵜呑《うの》みにし、それに自分の名前をつけて「アベノミクス」と称して、ことあるごとに得意げに吹聴《ふいちょう》した。

２０１３年9月、ＮＹＳＥ（ニューヨーク証券取引所）で行ったスピーチでは、「Buy my Abenomics!」（私のアベノミクスは買いだ）と言ってのけた。

こんなスピーチを首相本人が考えられるわけがなく、これは側近の内閣官房参与・谷口智彦《たにぐちともひこ》氏が考えたものだ。映画『ウォール街』（１９８７年）を見た人ならすぐわかると思うが、このフレーズは主人公のゴードン・ゲッコーのセリフ「Buy my book」のパクリだ。ゲッコーはウォール街にカムバックしたときに本を書き、成功の秘訣は自分の本のなかにすべて書いてあると言った。そうして「I'm back」（オレは戻ってきた）とも言った。

驚いたことに、安倍首相はこのセリフもパクって、「Japan is back」とやったので、このスピーチはウォール街ではウケた。しかし、ゲッコーは、最後にインサイダー取引で逮捕されるのだ。

アベノミクスの異次元緩和はインサイダー取引とまでは言わないが、詐欺のようなものである。なぜなら、いったん民間に引き受けさせるとはいえ、国債はすべて日銀が買い取ってしまうからだ。

もちろん、中央銀行による国債の直接引き受けは、「財政ファイナンス」（国債の貨幣化＝monetization、マネタイゼーション）として禁じられている。これをやったおかげで、歴史上、多くの国家が破綻した。財政規律がなくなり、インフレが起こり、結果的に国民資産は吹き飛んでしまうからだ。

それなのに、日本は異次元緩和で、事実上の「財政ファイナンス」を始めたのである。

ドルベースで見ればGDPは縮小していた

異次元緩和がこのようなリスクをはらんでいることを、安倍首相は知らなかったかもしれない。ただし、一部の識者、メディアはそのリスクを指摘し、異次元緩和には「副作用」があると警告した。

しかし、安倍首相は「成長なくして財政再建なし」と言い続けた。これもまたブレーンから吹き込まれたのだろう。財政赤字を垂れ流し続けてきたこの国では、財政再建が急務なのに、成長戦略ばかりが唱えられた。

その結果、安倍政権はアベノミクスのおかげで経済はよくなっていると、強調し続けた。実際、2017年11月、政府は2012年12月から始まった景気回復局面が高度成長期の「いざなぎ景気」を超えて戦後2番目の長さとなったと発表した。その後、2018年前期に景気は失速したが、このようなアナウンスの効果は大きかった。

なぜなら、人々は数字を見ずに、「景気回復」という言葉だけに反応し、それを信じ込んでしまうからだ。

しかし、GDP成長率とGDPを見ていくと、日本経済は回復などしていなかったことがわかる。

次の図表6（92ページ）は、２００７年から２０１７年までの11年間のＧＤＰ成長率、名目ＧＤＰ（円ベース）、名目ＧＤＰ（ＵＳドルベース）である。起点を２００７年にしたのは、２００８年にリーマンショックが起こったからだ。

リーマンショックの前年の２００７年は、日本はまだ人口減社会にはなっていなかった。しかし、生産年齢人口（15歳〜65歳）はすでに１９９５年の８７１６万人をピークに減少していたから、もはや経済成長は望めない状況になっていた。

そんななか、この11年間のトータルでＧＤＰ成長率はなんとか平均１％程度を維持してきたのだから、日本経済は底堅いとは言える。リーマンショック翌年の２００９年に－５・42％に落ち込んだ以外は大きな落ち込みはなく、２０１１年の東日本大震災時でも－０・12％ですんでいるからだ。さらに、アベノミクスが始まった２０１３年以降の５年間も、すべて超低空飛行ではあるがプラス成長になっている。

しかし、肝心のＧＤＰ総額は増えていない。そればかりか、ドルでは目減りしているのだ。リーマンショック前の２００７年と２０１７年の名目ＧＤＰを見てみると、円でもドルでもそれほど変わっていない。それなのに、アベノミクス以後の名目ＧＤＰは、ドルで見ると、それ以前と比べると大きく目減りしている。

世界のモノとサービスの価値は、基軸通貨のドルで見るのが普通だ。各国のＧＤＰもドル

［図表６］GDP 成長率、名目 GDP（円、ドル）の推移

年度	GDP 成長率	名目 GDP（円）	名目 GDP（ドル）
2007 年	1.65%	532 兆円	4 兆 5153 億ドル
2008 年	–1.09%	521 兆円	5 兆 0379 億ドル
2009 年	–5.42%	490 挑円	5 兆 2314 億ドル
2010 年	4.19%	500 兆円	5 兆 7001 億ドル
2011 年	–0.12%	491 兆円	6 兆 1575 億ドル
2012 年	1.50%	495 兆円	6 兆 2032 億ドル
2013 年	2.00%	503 兆円	5 兆 1557 億ドル
2014 年	0.38%	514 兆円	4 兆 8504 億ドル
2015 年	1.35%	532 兆円	4 兆 3950 億ドル
2016 年	0.94%	538 兆円	4 兆 9493 億ドル
2017 年	1.71%	546 兆円	4 兆 8721 億ドル

＊ GDP 成長率 ＝（当年の GDP － 前年の GDP）÷ 前年の GDP × 100
＊ SNA(国民経済計算マニュアル) に基づいたデータ
＊ US ドルベースの GDP は当年の為替レートにより US ドルに換算

ベースで見るのが普通だ。円は国際通貨だが、日本だけのものだから、円ベースで見ると本当の姿は見えず、視野狭窄《しやきょうさく》に陥ってしまう。

もちろん、為替変動が影響したのは事実だ。しかし、2011年、2012年にはGDPは6兆ドルを超えていたのに、アベノミクス以降は5兆ドルを切ってしまっている。これは、この間に日本が国力を落とし、経済規模が縮小したということである。仮に1ドル＝100円に固定してみれば、アベノミクスで日本は1兆ドル＝100兆円を吹き飛ばしたことになる。

つまり、2013年から始まったアベノミクスで景気がよくなった、経済はうまく回ってきたというのは、政府の誇大宣伝にすぎない。しかも、次に記すが、アベノミクス以後のGDP成長率に関しては、増えざるをえない〝カラクリ〟があった。

景気回復の実感がないのはなぜなのか？

いまでも多くの国民が、「民主党政権のときの経済は悲惨だったが、安倍政権になってからは好調になった」と思っている。たとえ1％ほどの超低成長でも成長しているのだから、そう思って当然だ。しかし、真相は民主党政権もひどかったが安倍政権もひどいのである。

安倍政権のGDP成長率は、日本の民間経済が頑張ったから生まれたものではなく、政府がつくり出したものだ。

というのは、2011年の東日本大震災で、政府は巨額の復興予算を組み、それを2016

年まで続けたからだ。その額、5年間で26・3兆円。

つまり、26・3兆円の復興国債が発行され、それで得たおカネが政府から復興を担《にな》う土木・建設業に回った。これが、GDPを押し上げたのである。

26・3兆円は、GDPにすると年平均4・3兆円で、GDP成長分の約0・8%に該当する。つまり、2012年以降のGDP成長率は、毎年の成長率から水増しされた0・8%を差し引かなければ、本当の経済成長にはならない。

このようなカラクリがあるうえ、家庭の収入が減り続けたので、いくら政府が「景気は上向いている」と言っても、一般国民にはその実感がなかった。

景気がいいと言うからには、給料が上がり、家庭の収入が増えなければならない。そうなって初めて、おカネは消費に回り、人々は景気を実感できる。

図表7（95ページ）は、厚生労働省の統計から、2006年を100とした場合の「平均世帯所得」の推移を表したものだ。2015年までしか統計がないが、2006年を上回った年は1度もない。


図表8（96ページ）も同じく厚生労働省の統計から、「実質賃金」（名目賃金から消費者物価指数を除いたもの）の推移をグラフ化したものだ。ここでは、全国平均と東京の平均を並べてみた。全国平均で2008年に29・3万円だった実質賃金は、2015年になっても29・3万円である。つまり、ここ10年で賃金はまったく変わっていないことがわかる。しかし、アベノ

［図表７］平均世帯所得の推移（指数）

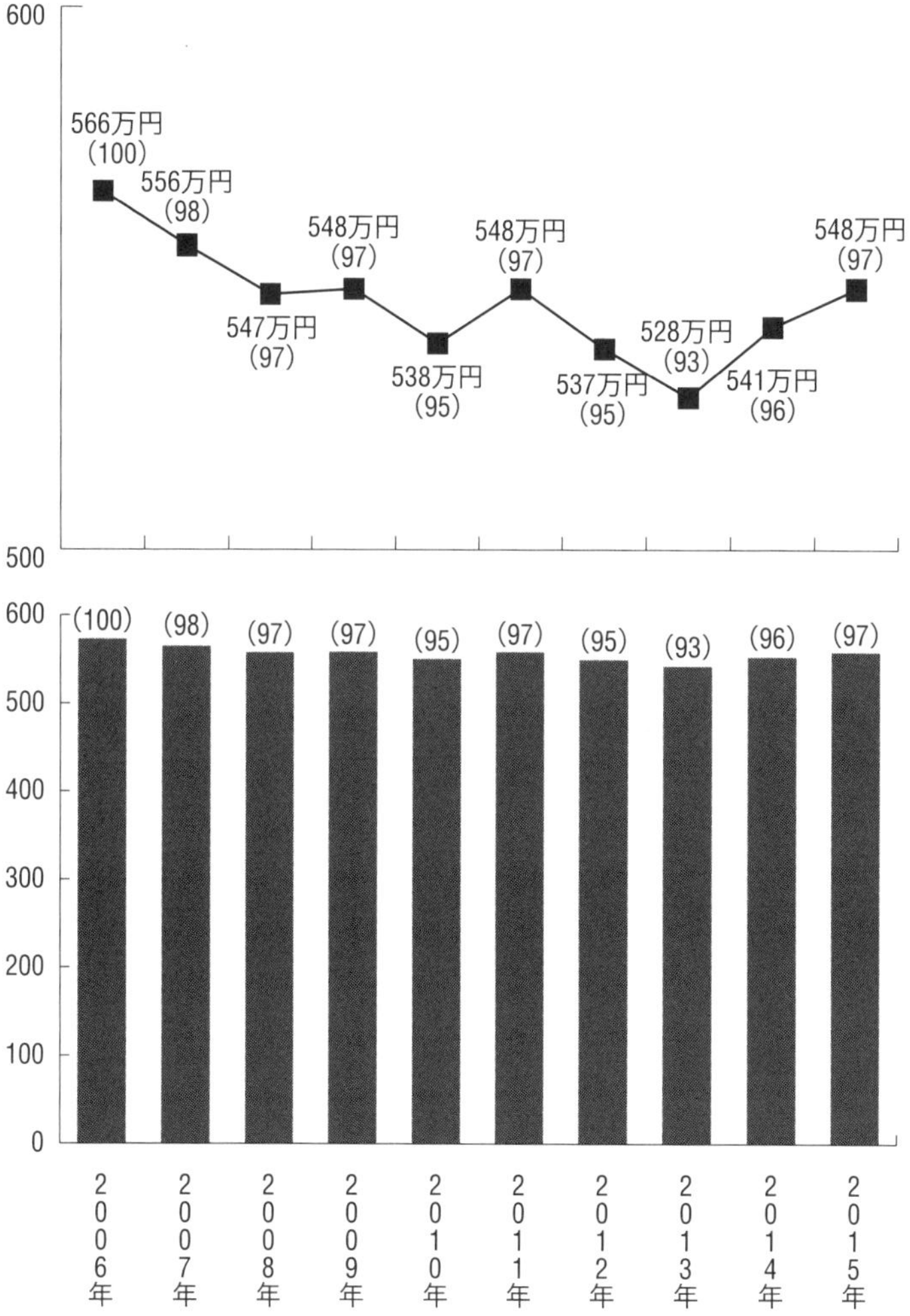

出典：厚生労働省「国民生活基礎調査の概況」に基づいて作成

［図表8］実質賃金の推移（2008年～2015年）

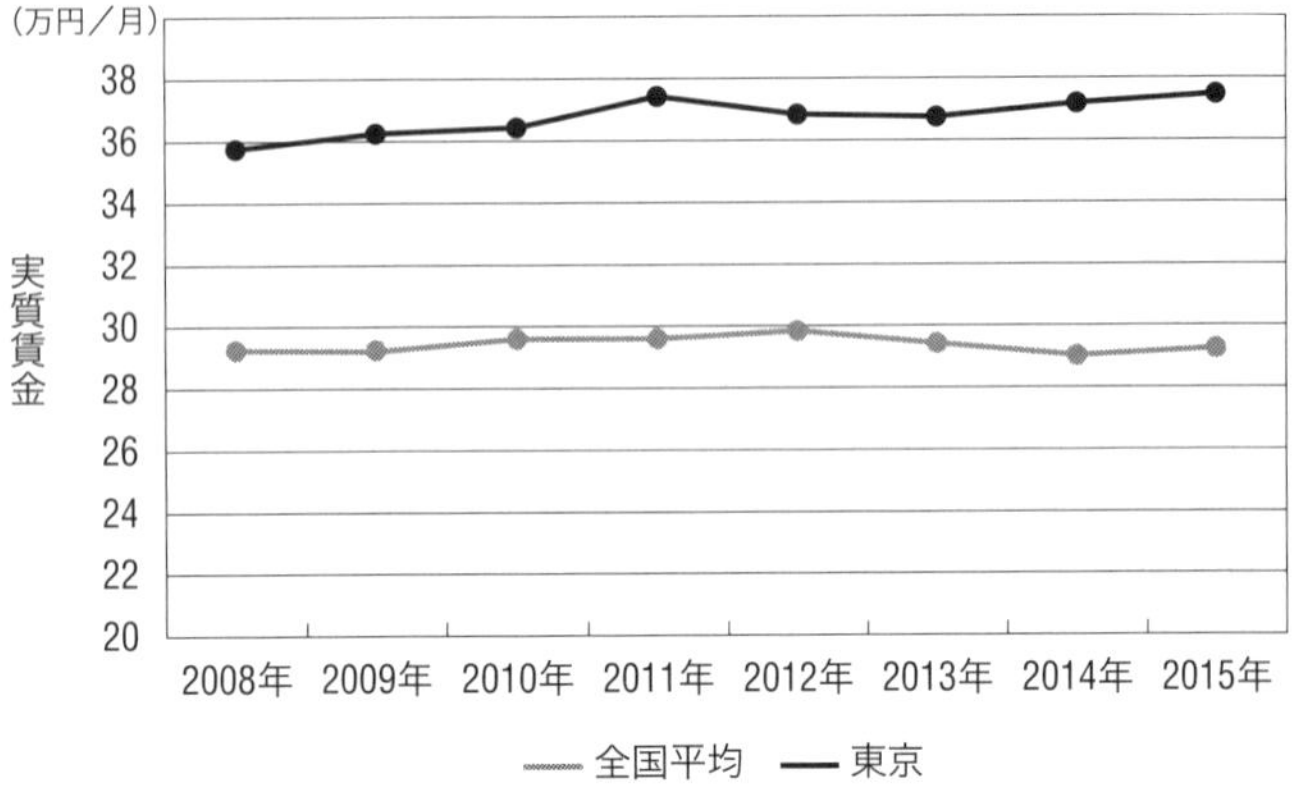

出典：厚生労働省「賃金構造基本統計調査」に基づいて作成

ミクスが始まった2013年以降を見ると、実質賃金は下がっているのだ。ただ、東京だけはわずかだが上がっている。したがって、東京で暮らしていると、景気はわずかだがいいように感じる。

とはいえ、この二つの図表を見れば、一般国民は「景気がいい」などと思うわけがなく、むしろ少しずつ悪くなっていると思うだろう。

安倍首相は「アベノミクスは失業率を下げ、雇用をつくり出した」と自画自賛してきた。しかし、人手不足は景気がいいから起こったのではない。単純に人口減、生産年齢人口減により、働く人が減ったから起こったものだ。

この状況はこの先も改善されるはずはなく、東京五輪後はますます悪化する。

異次元緩和は実際には起こらなかった

それではなぜ、異次元緩和は目論見通りにいかなかったのだろうか？

アベノミクスで日銀は、年間80兆円（月に約7兆円）というものすごい規模で国債を引き受けることになった。政府は、発行した国債をいったん民間金融機関に買わせ、それを日銀が買い入れる。これで資金を調達した政府は、その資金で財政をまかなってきた。

いっぽう政府から国債を買った民間の銀行は、それを日銀に売っておカネを得る。これを今度は市中に貸し出す。これが量的緩和ということだった。

つまり、こうなると、日銀が発行したおカネはどんどん市中に流れ、その結果、経済はデフレからインフレ基調に変わる。人々はおカネを使い出し、景気はよくなるということだった。

ところが、このおカネは、ほとんど市中に出て行かなかったのだ。民間の銀行は日銀内に当座預金口座を持っている。この預金口座に、ほとんどのおカネが〝ブタ積み〟されただけで終わったのである。なぜなら、「超過準備」には付利0・1％が付くので、銀行は日銀からおカネを引き出さない。そのほうが確実に稼げるからだ。

日本の銀行システムには、「法定準備預金制度」という制度があり、民間銀行はこれにより、日銀に「受け入れている預金などの一定比率以上の金額」を預けることが義務づけられている。

その最低金額を「法定準備預金額」と言い、それを超えた預金を「超過準備」と言う。2008年にこの制度が始まって以来、日銀はこの「超過準備」に0・1％の利子を付けてきた。これでは、この超低金利時代に、民間におカネが出ていきようがない。

その結果、マネーストック（世の中に出回るおカネの総量のこと。マネーサプライとも言う）はたいして増えず、期待されたインフレにはならなかったのである。それでも物価がやや上昇したのは、円安と消費税増税のせいだ。

異次元緩和が効かないので、日銀は2016年1月に「マイナス金利付き量的・質的金融緩和」を導入し、「超過準備」部分を含めた当座預金を3階層に分割し、それぞれの階層ごとにプラス金利、ゼロ金利、マイナス金利を適用した。

これが「マイナス金利」政策だが、それでもおカネは市中に出ていかなかった。つまり、異次元緩和というのは見せかけであり、異次元ではなく〝チョロ緩和〟にすぎなかったのである。

本当の目的は金利をゼロに抑えること

日銀による国債の大量引き受けで、金利は限りなくゼロになった。マイナス金利政策も導入され、もはや金利はないも同然、下手をするとマイナスになった。

10年債の金利を「長期金利」と言い、これが民間の貸出金利のベースになる。しかし、この金利がゼロでは、民間の金融機関は、おカネを貸し出すことができない。

金利というのは、貸し出し先の信用度によって上下する。すぐにでも資金が必要なところは、たいていは信用度が低い。したがって、銀行としては高い金利を設定しなければならない。しかし、長期金利がほぼゼロでは、結局、貸さないほうがいいという結論になってしまう。おカネを必要としているところにおカネが行かないのだ。

これでは、景気がよくなるわけがない。

じつは、政府、とくに官庁は、景気をよくしようなどとは思っていなかった。景気がよかろうと悪かろうと、役人はクビを切られるわけでなく、税金さえ入れば、一生安泰の暮らしが送れるからだ。

むしろ役人にとっては、不景気のほうがいい。景気がいいと、成金が誕生して派手な暮らしを始める。高学歴だがあまりおカネに縁がない役人たちは、こうした人々が気に入らない。役人というのは、嫉妬心がとりわけ強い人種である。

じつは、異次元緩和は、10年債の利回りを限りなくゼロに抑圧するという〝別の目的〟を持っていた。これを「イールドカーブ・コントロール」(yield curve control：YCC)と言う。つまり、金融市場の抑圧である。現実を見ると、こちらのほうが日銀の本当の目的ではないかと私はずっと思ってきた。

というのは、長期金利が上昇すると、国債利払い費がかさんで財政が持たなくなるからだ。不景気がいくら続こうとかまわないが、財政破綻だけは困る。税収が国債利払い費ですっ飛んでしまっては、自分たちの取り分がなくなってしまう。となると、これを先送りするには、長期金利を上げなければいい。そういう思考回路になって、金融抑圧という結論に至ったとしか思えない。

長期金利がゼロなら、政府は国債発行による「借金生活」を続けられる。国債発行残高をいくら積み上げても、借換債の発行だけですませられる。こんなうまい話はない。

じつはこれが、アベノミクスの本質なのではなかろうか。

そうした結果、日銀の保有国債残高はアベノミクスが始まった当初は約100兆円にすぎなかったのに、たった5年間で400兆円を突破してしまった。その結果、日本政府の借金（国債及び借入金並びに政府保証債務）は、2017年12月末日現在で、1085兆7573億円となった。

これはGDP比で約236％である。アベノミクスが始まる前は約210％だったので、ものすごい増え方である。財政赤字が毎年のように問題視され、議会が紛糾《ふんきゅう》するアメリカですらGDP比は約107％である。

このままいけば、2023年には確実に270％を超えるだろう。もちろん、そんな国は世界中どこにもない。日本はダントツで世界一である。

じつはみんな知っている国債金利はインチキ

財政破綻の兆候は、すでに2018年6月時点で現れていた。「新発10年債」の取引が成立しないという異常事態が、ひと月の間に4回も発生したからだ。国債の売買を仲介する日本相互証券で、新発10年債の取引が成立しなかったのは、２０１７年は年2日しかなかった。それが、1ヵ月に4日も起こったのである。

慌《あわ》てた日銀は、国債買い入れオペレーション（公開市場操作）による1回当たりの購入額（償還までの期間が3年超5年以下）を減額するという緊急措置を発動した。つまり、これ以上、日銀が国債を買い続けると、金融市場が消滅してしまう。それだけは避けなければならないというわけだ。

そうして、7月の金融政策決定会合で、今後も異次元緩和は続けるが、長期金利の変動は容認するという政策変更に踏み切った。これは、はっきり言って、日銀の「敗北宣言」である。「結局、緩和はうまくいきませんでした。これ以上するとヤバいので一部をやめます」ということだからだ。しかし、それを正直に言ったら国債は暴落するので、「異次元緩和は続ける」と強調したのだった。

財政破綻を警告すると、「日本は財政破綻などしない」と言い出す人がいる。有名なエコノミスト、経済評論家のなかにも「財政破綻しない論」を唱える人がいる。

しかし、ここでは、日本が財政破綻するかしないかという議論はしない。こうした議論があることはわかるが、「財政破綻しない論」は国民を安心させるためか、あるいは現状を続けるためだけの方便にすぎないからだ。

個人だろうと、企業だろうと、永遠に借金で暮らしていくことはできない。国も同じだ。借り入れ先が海外でなく国内がほとんどだろうと、国のバランスシートがどうであろうと、フローのおカネがなくなり、借金が払えなくなれば破綻する。

そのため、異次元緩和によって、借金の金利をなくすことを目指したのである。しかし、こうなると、資本主義下の金融経済は成り立たなくなる。つまり、日本の金融市場は政府統制下の〝インチキ市場〟になってしまったのである。

じつは、このインチキを市場参加者はみな知っていた。また、株価に関しても、政府の「PKO」（Price Keeping Operation：株価維持政策）であることは、参加者の誰もが知っていた。なにしろ、株を買っている主役は、日銀とGPIF（年金積立金管理運用独立行政法人）などの公的資金なのである。その結果、名だたる日本企業の主要株主は政府ということになってしまった。これでは、もはや資本主義経済とは言い難い。

しかし、このインチキがそう続かない兆候が出てきてしまった。それが、前記した国債取引の不成立だ。この不成立で、日銀は一時的に国債の買い入れ額を減額した。一時的に緩和をやめたのである。では、一時的ではなく本当に買い入れをやめざるをえなくなったら、どうなるのだろうか？

そうなれば当然、国債の市場取引は復活し、活発化する。つまり、市場取引が成立して金利は急上昇する。このとき、長期金利がいきなり2％になったとしたら、現在、日銀の当座預金に500兆円近くをブタ積みしている金融機関は、それをそのまま置いておくことはできない。日銀から国債を買って当座預金を減らす必要が出てくる。

こうして、ついに本当に市中におカネが出て、インフレがやって来る。しかし、このインフレがハイパーインフレだったら、私たちの生活は一気に困窮する。これは、財政破綻（国債のデフォールト）ではないが、結果的には同じことである。

国債が「リスク資産」になるとどうなるか？

いずれ、異次元緩和はやめなければならない。つまり、日銀は出口政策をどこかで実施する必要がある。

しかし、国債に金利がつく世界（これが正常）になれば、政府は財政を拡大させることができなくなる。それればかりか、利払い費に国家予算（税収）の多くを注ぎ込まなければならなくなる。それを回避するため、さらに国債を発行することもできるが、財政が逼迫《ひっぱく》している政府が発行する国債は高金利でしか売れない。となると、国債は完全な「リスク資産」となり、政府はついには国債を発行できなくなる。こうして、アベノミクスは詰んでしまうのだ。

２０１８年6月から、日本はこのジレンマに陥ってしまった。「行くも地獄、引くも地獄」というわけだ。

この状況を見越して、三菱東京ＵＦＪ銀行は、すでに２０１６年6月の時点で、国債の入札に参加する特別資格「プライマリーディーラー」を返上してしまった。国債を完全なリスク資産と認定したからである。それでは、本当の「詰み」はいつやってくるのだろうか？

これは、誰もが「詰み」を認識したときにやって来る。まだ大丈夫だと思われている間はやって来ない。ただし、国債取引の不成立のような事態が続けば、その日はどんどん迫《せま》って来るので、政府はそれを回避するために、なんらかの措置を講じることになる。

もっとも合理的な方法は、緊縮財政に転換することだ。かつてギリシャがやったように、公務員給料、年金、医療費、介護費、教育費、軍事費（防衛費）などの財政支出を大幅にカットすることになる。しかし、こうなると、社会福祉の多くは失われるので、国民生活は一気に貧しくなる。

緊縮財政への転換の引き金を引くのは、やはり、経済のマイナス成長である。GDP成長率がマイナスになれば、どうやっても借金は返せないのだから、支出を減らさざるをえなくなる。「成長なくして財政再建なし」が通用しなくなるのだから、これは当然だ。

では、日本のGDP成長率は、図表6（92ページ）の最後の年2017年以後は、どうなっただろうか？

成長率がマイナスに転じ「財政均衡」を先送り

2018年6月8日、内閣府は2018年1～3月期のGDP成長率の2次速報値を発表した。それによると、実質GDP成長率は前期比0・2％減（名目0・4％）で、年率換算で0・6％減であった。ついに、日本のGDP成長率はマイナスに転じたのである。

慌てた政府は、「プライマリーバランス」（基礎的財政収支）を黒字化する目標時期を5年先送りしてしまった。本来なら、2020年、つまり東京五輪の年に、日本の財政は単年度収支で均衡するはずだった。しかし、これが絶望的になったので、まだ赤字財政を続けると、政府は宣言したのである。

その後、幸か不幸か4～6月期の成長率はプラスに転じた。8月10日に内閣府が発表した一次速報値では、GDP成長率は前期比0・5％増、年率換算では1・9％増だった。さらに9月に発表された二次速報値では、前期比0・7％増となった。

しかし、これは一時的なもので、7～9月期以降は、アメリカが世界を相手に仕掛けた関税戦争、西日本豪雨、記録的な猛暑などの影響で、全体基調としての日本経済の減速はほぼ確定したのである。

単年度のプライマリーバランスの黒字化は、借金大国にとって、最低限達成しなければならない目標だ。それを簡単に先送りするなど、本来なら許されない。普通の国なら、議会も国民もそんな政府の横暴を許さない。しかし、日本国民は、政府の借金と自分の借金は別のものと考える不思議な思考を持つようになってしまっている。したがって、メディアもまったく騒がない。しかし、海外メディアの受け止め方は違った。日本のGDP成長率がマイナス基調になった時点で、「ついに人口減による日本の経済衰退が始まった」と捉えて報道した。

２０１８年は「日本経済の凋落の始まり」

英「ファイナンシャル・タイムズ（ＦＴ）」（5月16日）は、「How Japan's ageing population is shrinking GDP」（こうして日本の高齢化がＧＤＰを縮小させている）という解説記事を掲載した。この記事を書いた経済記者のValentina Romei氏は、「日本は主要7ヵ国でただ1国、経済縮小で今年をスタートさせた」と書き、この現象は「日本経済の凋落《ちょうらく》の始まり」と分析した。

図表9と図表10（１０７ページ）は、この記事に使われたいくつかのグラフのうちの二つ、「Ｇ7各国の人口と労働人口」と「Ｇ7各国の高齢者人口（65歳以上）の推移」だが、これを見れば、日本がほかの6ヵ国といかにかけ離れているか一目瞭然だ。

このような人口統計を見る限り、今後も日本経済が縮小せざるを得ないのは必然と思われる。このことは、すでにＩＭＦの報告書も警告している。ＩＭＦの警告がもっともなのは、「２０１９年10月に消費税を10％に引き上げたとき日本の経済成長は一気に鈍化するだろう」と指摘していることだ。

「ＦＴ」と同じように「ＣＮＮ」（5月16日）も「Japan's longest growth streak in decades

[図表9] G7各国の人口と労働人口

2000-2018%change（2000～2018年の％推移）

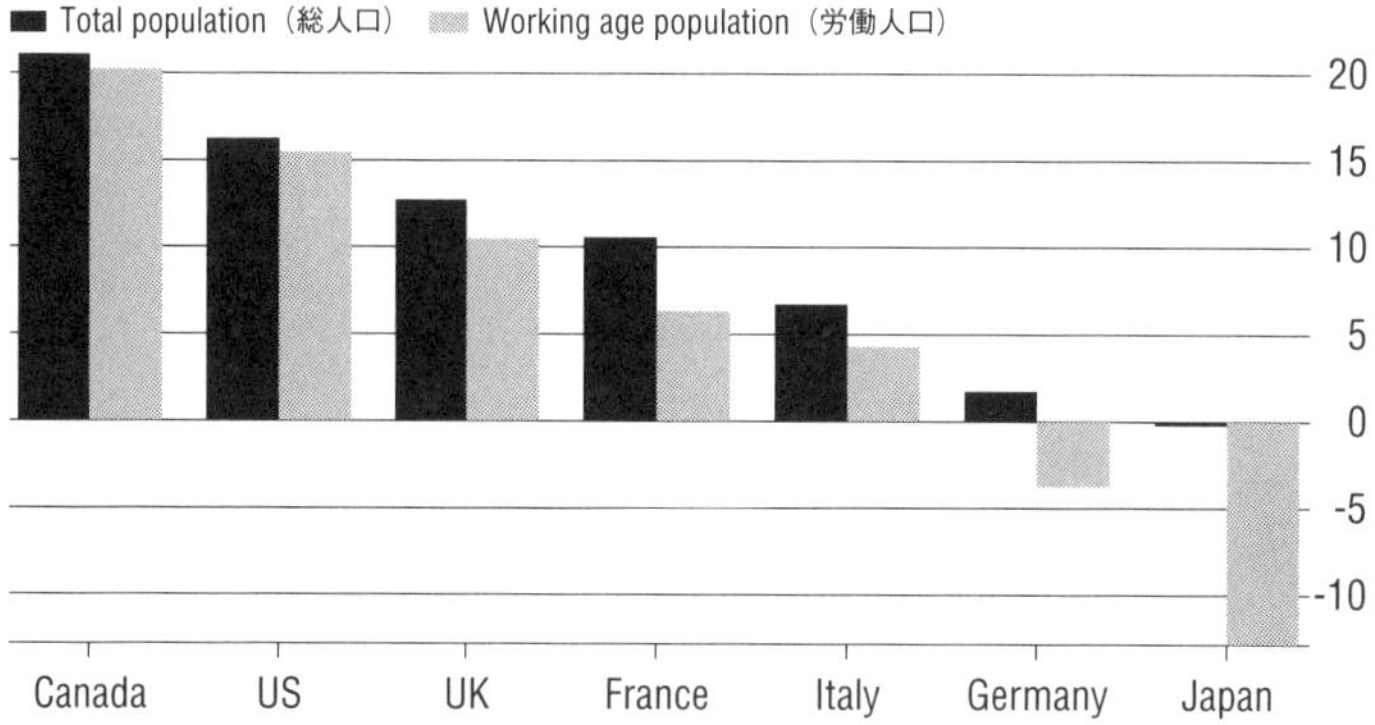

Working age=20 to 64 years old（労働人口＝20～64歳）

出典：IMF（国際通貨基金）

[図表10] G7各国の高齢者人口（65歳以上）の推移

Share, forecast（占有率予測：人）

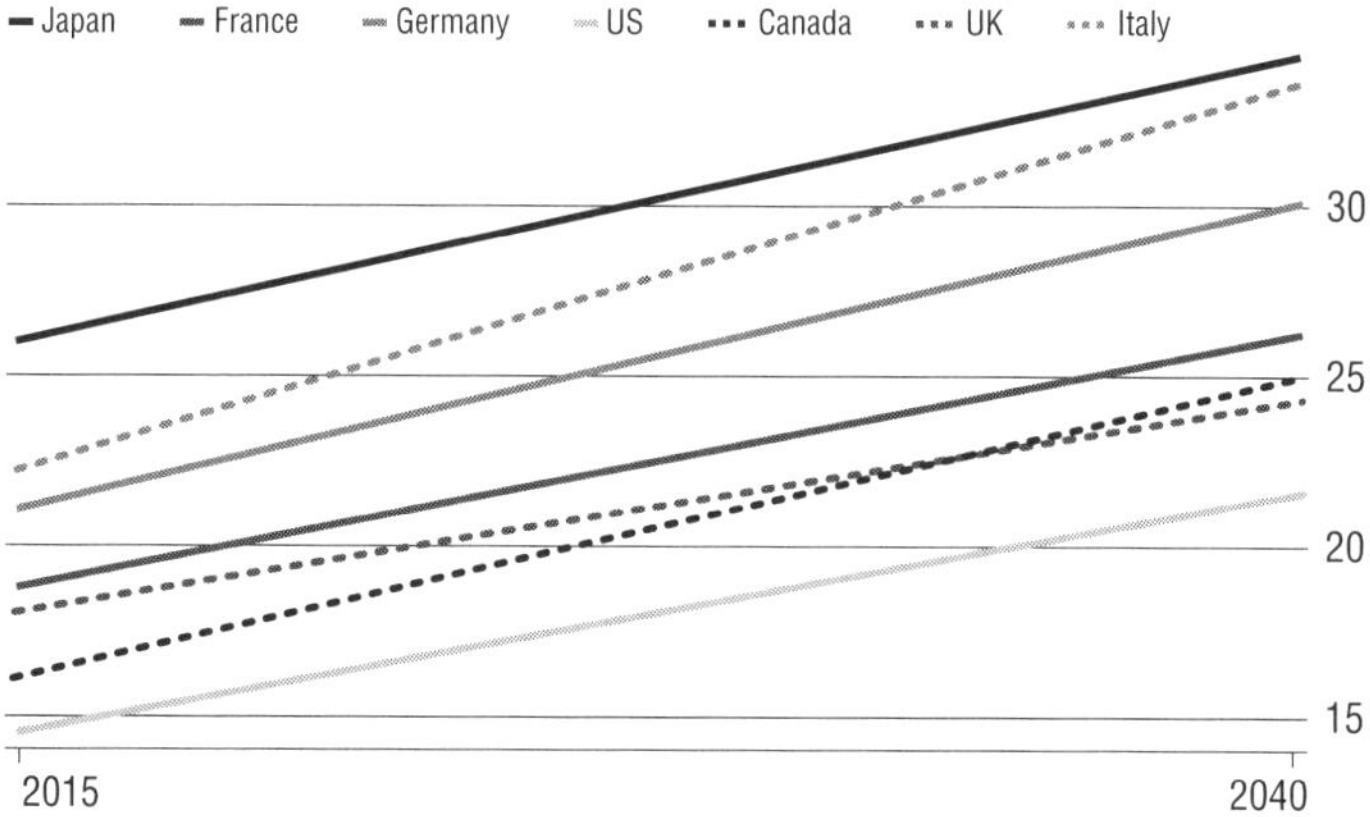

出典：UN（国際連合）

just came to an end」（何十年も続いた日本の成長軌道が終点を迎えた）と報じた。この記事を書いたエコノミストのDaniel Shane氏は、「日本は急速な高齢化、女性労働力不足、強固な低インフレに対してシリアスな挑戦に直面している」と述べていた。

窮地に陥った政府が目指す資産への課税

こうして、2018年以降の日本経済の衰退は加速していく。それでも、2020年の東京オリンピックまでは持ちこたえるとしても、それ以後は落ち込むだけになるだろう。

そうなると、財政も悪化の一途をたどり、追い込まれた政府は、増税を画策することになる。消費税増税はもう限界だから、国民がもっとも受け入れやすい「資産税」が導入される可能性がある。

資産税とは文字通り「資産に課税される税金」で、「財産税」とも呼ばれる。要するに、金持ちが持っている資産に課税して、それを政府に移してしまおうということだ。その方法はいくつかあり、単純に資産に課税する前に、資産の洗い出しをしなければならない。また、資産を国外に持ち出されないような策をあらかじめ講じなければならない。

いずれにせよ、メインターゲットは富裕層だから、大多数の国民の理解を得やすい。

2015年、フランスの経済学者トマ・ピケティ氏の著書『21世紀の資本』（みすず書房）がベストセラーになったが、このなかで唱えられているのが資産税である。ピケティ氏は、いまの世界を次のように捉え、「金持ちの財産にもっと課税せよ」と訴えた。

(1) 世界中で所得と富の分配の不平等化が進んでいる。

(2) その原因は、経済の大きさが拡大する（成長率）よりも資本の取り分（収益率）が大きくなることにある。

資本収益率（r）＞経済成長率（g）

(3) これを解消するためには、「金持ちに対する所得の累進課税を再び強化する」「株式や不動産、相続税など、あらゆる資産で累進課税を導入または強化する」ことが必要だ。

ピケティ本がベストセラーになったことから、「金持ちからもっと取れ」は正義の言論になった。だから、財務省も政治家も、国が苦しいとなれば、これを持ち出してくるだろう。しかし、資産への課税はかつて実施されたことがあり、そのときは国民すべてが大変な目にあっている。富裕層ばかりではないのだ。

貧富の差を問わず国民から資産を巻き上げる

日本で資産課税が実施されたのは、１９４５年の終戦後のことである。戦争が終わったとき、日本には戦費のために拠出された巨大な債務しか残らなかった。この債務に、モノ不足が重なり、世の中はすさまじいインフレになった。物価はまたたく間に上昇し、国民は飢えに苦しんだ。

資料から当時の東京都の小売物価指数を見ると、終戦後からの6年間で物価はなんと100倍になっている。

一方、国の債務は1944年末時点で対GDP比約267％と、現在とほぼ変わらない、到底返済できない規模に達していた。さらに政府は、この巨大債務に加えて、戦時補償債務や賠償問題を抱えていた。

つまり、当時の日本政府の財政は破綻しており、ここから脱出する方法は、国民が持っている資産を奪うほかなかったのである。

激しいインフレが進み、債務が圧縮されるなかで、政府は次の3段階で国民資産に課税した。

預金封鎖→新円切替→財産税

当時の大蔵省（現財務省）の方針は、「取るものは取る、返すものは返す」というものだった。そのため、まず、預金封鎖と新円切替が行われた。これは端的に言って、国家による詐欺行為、トリックである。

1946年2月16日、政府は突如、預金引き出し額を1日100円（1ヵ月だと1世帯500円）に制限する「金融緊急措置令」を発動した。いくら預金していようと、100円までしか引き出せなくしてしまったのである。そうして、3月3日付けで旧円の市場流通の差し止め、新しい円（新円）に切り替えると発表した。

つまり、新円切替までに引き出せなかった旧円はすべて政府に巻き上げられてしまったのである。こうして、このときまで国民が持っていた現金資産はほぼ無価値になった。

ここまででも踏んだり蹴ったりだが、その後に実施されたのが財産税だった。その税率は次のようになっていた。

1500万円超90％、500万～1500万円以下85％、300万～500万円以下80％、150万～300万円以下75％、100万～150万円以下70％……。

これには、持っている者からは徹底的に取るということである。しかし、少ししか持っていない者からも同じように搾《しぼ》り取った。というのは、課税段階は14段階もあり、最低の10万円でも25％課税されたからだ。

このときの財産税の記録を見ると、課税財産価額の合計は、昭和21年度（1946年度）の一般会計予算額に匹敵する規模に達している。つまり、国家予算に匹敵するほどのおカネを、国民は、貧富の差を問わず国家に巻き上げられたのである。そして国は、これを財源として、可能な限り内国債の償還《しょうかん》を行ったのだ。

ただし、これだけのことを行ってもハイパーインフレは収まらなかった。そこで、GHQは最後の策として「ドッジ・ライン」という金融政策を実施した。これは、厳しい「緊縮財政策」で、GHQが日本政府に要求したのは、「歳入に見合った歳出しかしない」という当たり前の政策だった。これによって、企業倒産は増え失業者も増加したが、インフレは終息に向かった。その後、輸出振興の経済政策により、日本経済は立ち直ることになった。

はたしてこれと同じようなことが可能かどうかはわからない。しかし、資産に課税することに関しては、いまやマイナンバーがあり、おカネは電子化されているだけに、ずっとやりやすいのは間違いない。また、預金封鎖も現金社会でなくなれば、それこそあっという間に可能だ。

最後は「インフレ税」による債務圧縮か？

巨額の財政赤字を抱えながら、〝インチキ量的緩和〟を実施してしまった以上、引き返す道はない。出口政策を実施したら、国債は暴落し、長期金利は急上昇する。そうなれば、日銀からどっとおカネがあふれ出し、インフレはインフレでも戦後と同じようなハイパーインフレになる可能性が高い。

しかし、いくら金融抑圧を続けようと、経済成長率がマイナスを続ければ限界がくる。そのときは、もう破《やぶ》れかぶれで、政府は何もしないだろう。事実上、財政は破綻しているので、インフレの進行にまかせれば、債務はどんどん目減りするからだ。

これが恐怖の「インフレ税」である。インフレとはおカネの価値が下がり、モノの値段が上がることだから、これは税金と変わらないということで、インフレ税と呼ぶのである。

インフレになればなるほど、借金は実質的に減価される。そうなれば、債権者はソンをし、債務者はトクすることになる。つまり、目に見えない税金が発生するというわけだ。

インフレ税に関しては、政府は、貯蓄税や資産税などのように手の込んだことをやる必要はない。政府は何もする必要はない。しかも、インフレ率が高ければ高いほど、資産を持つ国民の資産は吹き飛び、逆に政府の債務は大きく圧縮される。

歴史的に見ると、大きな債務を抱えた国では必ずインフレが起こり、それによって債務が圧縮されている。日本は、この道をまっしぐらに進んでいる。

インフレ税の世界は、理論的には財政破綻ではない。しかし、状況は財政破綻より悪く、結局、政府だけが生き残り、国民はみな貧しくなるだけだ。

2024年

気がつけば
400万人、
ついに移民大国に！

すでに外国人労働者が約128万人、在留外国人が約256万人いて、日本はもう立派な「移民国家」となっている。しかも、政府は今後さらに移民を増やす方針である。

ところが、国民自身にその認識は薄い。はたして、このまま移民が増加していくと日本はどうなるのだろうか？　また、なぜ移民を受け入れる必要があるのだろうか？

すでに日本は「移民受け入れ国家」

２０１８年６月、カナダで開催されたＧ７シャルルボワ・サミットの際に、トランプ大統領は安倍首相にこうささやいたという。

〝Shinzo, you don't have this problem, but I can send you 25million Mexicans and you'll be out of office very soon.〟「シンゾー、お前にはこの問題（＝移民問題）はないが、私は２５００万人のメキシカンを日本に送りつけることができる。そうすれば、お前はあっという間にオフィスから出て行かなければならないぞ（＝首相をやっていられなくなる）」（「ウォールストリート・ジャーナル」紙、２０１８年６月15日）

トランプ大統領がどんな意図で、２０１８年６月15日）こう言ったのかはわからない。ただ、彼が移民は国家にとって害にしかならないと考えているのはたしかだ。なにしろ、メキシカンは「レイプ魔で麻薬患者」と言い放った大統領である。

とすると、トランプ大統領は「移民問題が存在しない日本はいい国だ」という皮肉をこめて、安倍首相をからかったのだろうか。それにしても、どこから「２５００万人」などという数字が出てくるのだろうか。

いずれにせよ、トランプ大統領の日本に対する認識は完全に間違っていた。

なぜなら、この時点ですでに、日本には約１２８万人の外国人労働者がいるからだ、本稿執筆時点の政府の最新の統計（厚生労働省）では、2017年10月末時点の外国人労働者数は127万8670人となっており、前年同期から18％増え、増加は5年連続となっている。

この増加数は2012年からの5年間で約60万人なので、毎年、10万人以上もの外国人労働者が日本に来ていることになる。

日本の雇用者総数は約5900万人である。ということは、外国人労働者は、そのうちの約2％を占めている。2％と言うと少ないと感じるかもしれない。しかし、「50人に1人」と言い換えれば、具体的にイメージできるだろう。

国連の定義では、「移民」（immigrant）とは「1年以上外国で暮らす人」だから、彼らはまさしく移民である。日本はすでに移民を受け入れているのだ。

トップは中国人でベトナム人が激増中

外国人労働者の多くは、技能実習生や留学生の資格で入国した若者たちである。彼らは、製造業や建設業、サービス業の現場で働いている。建築現場でヘルメットを被《かぶ》って作業をしていたり、コンビニで働いていたりする。首都圏でも地方でも、いまや、彼らの働く姿を見ない日はなくなった。

では彼らを含めて、日本にはどれくらいの外国人居住者がいるのだろうか？

法務省の統計によると、2017年末現在における中長期在留者数は223万2026人。

特別永住者数は32万９８２２人で、これらを合わせた在留外国人数は２５６万１８４８人である。これは、２０１６年末に比べて17万９０２６人（７・５％）の増加で、過去最高となっている。

それでは、どんな国の人たちが多いのだろうか？

次の図表11（１１９ページ）が、在留外国人の国籍別人口の上位10ヵ国である。この上位10ヵ国のうち、ベトナム、ネパール、インドネシア３ヵ国の増加が目覚ましい。

それでは、こうした在留外国人たちは、どんな資格で日本に居住しているのだろうか？　上位五つの資格と人口数を挙げると、次のようになる。

(1)永住者：74万９１９１人　(2)特別永住者：32万９８２２人　(3)留学：31万１５０５人　(4)技能実習：27万４２３３人　(5)技術・人文知識・国際業務：18万９２７３人

以上が、現在、日本にいる在留外国人の実態である。総数２５６万人ということは、日本の人口の約２％であるから、けっして少ない数字ではない。

［図表 11］在留外国人の国籍別人口トップ 10（2017 年）

	国名	人口	構成比	対前年増減率
1	中国	730,890 人	28.5%	＋ 5.1%
2	韓国	450,663 人	17.6%	− 0.5%
3	ベトナム	262,405 人	10.2%	＋ 31.2%
4	フィリピン	260,553 人	10.2%	＋ 6.9%
5	ブラジル	191,362 人	7.5%	＋ 5.8%
6	ネパール	80,038 人	3.1%	＋ 18.6%
7	台湾	56,724 人	2.2%	＋ 7.5%
8	米国	55,713 人	2.2%	＋ 3.7%
9	タイ	50,179 人	2.0%	＋ 5.3%
10	インドネシア	49,982 人	2.0%	＋ 16.6%
すべての国の合計		2,561,848 人	100.0%	＋ 7.5%

出典：法務省

首都圏に広がる多国籍外国人コミュニティ

私は長年、横浜市に住んでいる。横浜は私の生まれ故郷である。その横浜市の西部、泉区に「神奈川県営いちょう団地」というマンモス団地がある。この団地にある横浜市立飯田北いちょう小学校では、なんと、生徒の半分が外国籍の子どもたちである。

学校の玄関を入ってすぐの所にあるボードには、日本語はもとより、中国語、ベトナム語、タガログ語、ポルトガル語、タイ語など10ヵ国の言語でのあいさつが並んでいる。これら外国籍の子どもたちはほとんど、いちょう団地に住んでいる。つまり、いちょう団地には、日本でも有数の「多国籍コミュニティ」ができあがっているのだ。いちょう団地の世帯数は約3600世帯で、そのうちの2割にあたる約720世帯が外国人の世帯である。

なぜ、この団地に外国人世帯が増えたのだろうか？

発端は、1980年、近隣の大和《やまと》市に、ベトナム、カンボジア、ラオスからのインドシナ難民のための定住支援施設「大和定住促進センター」が開設されたことだった。当時、日本にも流れてきた「ボートピープル」の収容施設で、日本での生活支援を長年にわたって行ってきた。センターは1998年に閉所したものの、ここが拠点になって、多くの外国人たちが近隣に職を見つけて巣立ち、いちょう団地に住み着いたのである。彼らは故国から家族や親戚を呼び寄せ、コミュニティは拡大し続けてきた。

こうした多国籍の外国人コミュニティの特徴は、世帯年齢が若く、子どもも多いことだ。それに比べて、当初からいる日本人居住者は高齢化し、単身や夫婦２人だけの世帯が多い。つまり、外国人が日本の少子高齢化の穴を埋めている。そう思うと、ここは近未来の日本の象徴ではないだろうか。

このような「多国籍団地」は、いまや首都圏に数多くある。神奈川県では海老名《えびな》市の「えびな団地」、埼玉県では川口市の「芝園団地」が有名だ。東京都板橋区の「高島平団地」も居住外国人が激増している。

団地に居住外国人が増えるとともに、新しい外国人タウンも、首都圏で多数形成されてきた。チャイナタウンといえば横浜が昔から有名だが、いまでは東京・池袋、埼玉県川口市西川口にもチャイナタウンがある。東京・新大久保のコリアタウンやイスラム横丁、神奈川県川崎市のセメント通りコリアタウン、東京・西葛西のリトルインディア、千葉県市川市行徳《ぎょうとく》の多国籍タウンなど、〝多国籍食べ歩きツアー〟がいつでもできるほど、首都圏で外国人街は増えた。

このような街に出かけるにつけ、日本がすでに多国籍の移民国家になったことを実感する。

2025年までに50万人超を受け入れると表明

２０１８年7月24日、カナダG7でトランプ大統領にからかわれてから1ヵ月後、安倍首相は、「外国人材の受入れ・共生に関する関係閣僚会議」の初会合を開き、２０１９年４月から外国人労働者の受け入れ数を増やし、「2025年頃までに50万人超を受け入れる」と表明した。かねてから、政府はもっと多くの外国人労働者を受け入れると表明してきたが、これが正式に決まったのである。

これにより、現在でも毎年10万人以上の外国人労働者が来日しているので、今後は毎年20万人以上が来日することが確実になった。となれば、2025年を待たずに、在留外国人数は400万人に達するだろう。そうなると、日本人の30人に1人が外国移民ということになる。

外国人受け入れの新方針の内容は、「就労を目的とした〝新たな在留資格〟を創設すること」と「在留期限を延長して〝家族帯同〟を認める」という2本建てとされた。

これまで、外国人労働者の受け入れは、主に「外国人技能実習制度」(1993年創設)によって行われてきた。この制度の主旨は「外国の若者に技能を修得させて母国の発展に活かしてもらう」ということだったが、じつは、日本の若者が嫌がってしなくなった仕事を、安価で使える外国人(といっても途上国の若者)に押し付けるものであったことは書くまでもないだろう。

したがって、製造業や建設業の現場に、途上国の若者たちがやって来た。この若者たちは、当初は2年間、1997年以降は3年間の技能実習を終えたら帰国することになっていた。しかしその後、この制度は何回か改変され、業種によっては5年に延長された。

そして2018年11月に閣議決定された出入国管理及び難民認定法の改正案によると、新たな在留資格「特定技能」を2段階で設けることになった。一定の技能を持つ外国人に就労可能な「特定技能1号」を与える。最長5年の技能実習を終了するか、技能と日本語能力の試験に合格すれば資格を得られる。在留期間は通算5年で家族帯同は認められない。1号で対象する業種は、介護、産業機械製造業、電気・電子機器関連産業、建設、航空、宿泊、農業、漁業、外食などの14業種を想定している。

滞在中に高度な試験に合格し、熟練した技能を持つ人には「特定技能2号」の在留資格に移行でき、その際は家族を呼び寄せてもいいということになったのである。更新時の審査を通過すれば長期の就労も可能だ。10年の滞在で永住権の取得要件の一つを満たし、将来の永住にも道は開ける。

となると、これは、事実上の「移民政策」である。ところが政府は、今回の決定を「移民政策とは異なる」と国会で答弁している。

政府の「ご都合主義」と国民の「移民嫌悪感情」

なぜ、政府は移民受け入れを表明したのに、それを移民政策ではないと否定したのだろうか？

それは、日本国民なら肌で感じていると思うが、この国には根強い移民反対論があるからだ。多くの日本人が、日本に外国人がこれ以上入ってくるのを嫌っている。この国民の「移民嫌悪感情」を刺激したくない。そう、役人も政治家も考える。

だから、移民なのに、移民ではないと強弁する。

しかし、これは、完全な「ご都合主義」である。移民はイヤだが労働力としての外国人は欲しい。そこで、国民には移民ではないとして、外国人労働者を受け入れる。日本はいままでずっとそうしてきたのである。そして、今回もまた同じことの繰り返しだった。

このような「ご都合主義」は、日本に来る移民にとっても、受け入れる側の日本国民にとっても、大きな不幸をもたらす。こんなやり方を続けると、移民と日本人との対立がいずれ深刻化し、取り返しのつかないことになるからだ。

移民反対論は、いまだに根強い。これまで、政府や民間が実施したアンケート調査では、約7割の日本人が「移民反対」を訴えている。そのなかには、「感情的な外国人敵視・毛嫌い」もあるが、それ以上に次のような点で、日本人は移民に対する不安を抱いている。

(1) 移民は日本社会に溶け込まず、その結果、日本の文化や伝統が失われる。
(2) 外国人の犯罪が増え、社会の治安が悪化する。
(3) 日本人の雇用が奪われる。
(4) 移民に対する医療、介護など社会保障費が増大する。
(5) すでに移民を受け入れた欧州諸国は失敗している。

いずれも、なるほどとは思うが、(2)や(5)に関しては、たしかなデータはない。とくに、「欧州諸国は失敗している」というのは、ドイツなどの例から、そう決めつけることはできない。

ただし、移民を多く受け入れれば入れるほど、これまでの日本社会が大きく変わることはたしかだ。その意味で、反対派は「日本はいまのままでいい。変わってほしくない」と願っているのだろう。

移民賛成派はじつは「外国人差別主義者」

では、賛成派はどう考えているのだろうか？　賛成理由は、大きく分けると、次の三つになる。

(1)　雇用対策として移民が必要。とくに建設業や飲食産業で人手不足が起こっているので、移民によりこれを解消できる。
(2)　少子高齢化で人口が減るので、移民によってこれを補うしかない。
(3)　人口減社会では経済成長できない。経済成長を維持するためにも移民は必要だ。

この理由もまた、そうだろうと頷《うなず》けるものだ。しかし、この賛成理由のなかには大きな問題がある。なぜなら、これこそが、前記した「ご都合主義」の表れだからだ。

要するに移民を人手不足、人口減の数合わせ、経済成長を維持するための労働力だけとしてしか捉えていない。移民に対する差別感情が、反対派以上に強いと言えないだろうか。移民賛成派は、じつは「外国人差別主義者」なのだ。

現代では、人種差別は最大のタブーであるから、誰もはっきりとは口にしない。しかし、移民賛成派が思っているのは、「日本人がイヤがる仕事は、貧しい中国人や東南アジアの人間にさせよう。彼らなら喜んでやってくれるだろう」ということではないか。

アメリカでメキシカンの移民労働者が必要とされたのは、たとえばカリフォルニアで、農業、建設業、飲食業などの労働者が大量に不足したからだ。ロサンゼルスのレストランにメキシカンの人々がいなかったら、誰が皿洗いをするのだろうか?

同じく、フランスは旧植民地からの移民労働者を大量に受け入れた。そうしなければ、誇るべきフランス文化が衰退してしまうからだ。誰がワイン畑で葡萄《ぶどう》の収穫をするのだろうか? 結局、フランス人は「フランスの若者がイヤがる仕事は、旧植民地の連中にさせればいい」と考えた。

これは、イギリスもドイツも同じである。どの国でも、移民が「3K労働」(「きつい」「汚い」「危険」)の担《にな》い手として必要とされたのだ。

その意味では、移民反対派より、移民賛成派のほうが、じつは「人種差別主義者」と言っても過言ではない。

となると、反対派も賛成派も、その根っこは同じ。結局、移民を受け入れたい、彼らに新しい日本人になってもらい同じコミュニティのなかで暮らしてもらいたい、などと思っている人はほとんどいない。

日本が移民を必要とする本当の理由

移民問題というのは、じつは、賛成派、反対派で論争していればいいという問題ではない。その本質を明かすと、賛成派、反対派を超えて考えなければいけない〝深刻な問題〟なのである。

日本に移民が必要なのは、人手不足だから、また、人口減を止めるためだからではない。人手不足や人口減は、経済規模を縮小していけば、少なくとも現状維持は可能だから、移民に頼らなくても解決する方法はある。

しかし、絶対に解決できない問題がある。それは、人口減により若い世代が減り続け、その逆に高齢人口が増え続けることだ。これが続くと、現在の社会は維持できなくなる。これこそが、本当の問題である。

年金、医療などの社会保障を支える若年労働者がいなければ、いまの日本社会は維持できない。つまり、移民問題の本質は、人口ピラミッドが「壺型《つぼがた》」というイビツな構造になっていることにある。このことは、次の「2025年年金破綻で右も左も貧乏老人ばかり」で詳述するが、先に136ページにある図表12の「日本の人口ピラミッドの推移」を見て欲しい。

これが、日本が移民を必要とする本当の理由だ。これが、理解できれば、移民を差別したり、嫌悪したり、また、ご都合主義で安易に受け入れてはいけないことがわかるだろう。

移民を受け入れないと、私たちの社会、暮らしは崩壊する。そうさせないためには、私たちとともに歩んでくれる移民が必要なのだ。日本に来て、日本人になり、私たちの社会の一員になってくれる、さらに日本文化を引き継ぎ、その担い手になってくれる、そういう移民が必要なのである。

もしそうしないなら、私たちはこの先、自分たちの社会が崩壊していくのを受容しなければならない。現在のような中途半端でご都合主義の移民政策ではいけないのである。

じつは、日本の若者たちは、このことにすでに気がついている。いずれ彼らは賢い者から順に、この国を出ていく。日本は移民受け入れ国ではなく、移民排出国になる可能性がある。

すでに、多くのシルバー世代の富裕層が日本を出ている。また、語学力と一定のスキルを持っている中年世代も、自分の老後と子どもに将来的にかかってくる負担を考えて、海外移住を選択している。

労働力不足はロボットで補えるとする人がいるが、ロボットは年金も税金も払わない。

移民論争に欠けている「来る側」の立場

さらに、移民論争に欠けている視点がある。それは、移民側、つまり来るほうのことをまったく考えていないことだ。賛成派も反対派も、日本は先進国だから、途上国からは必ず移民が来るものと思っている。しかし、それはとんでもない間違いだ。いまの日本が移民するのに値する国かどうか？　そして世界に日本に来て暮らし、日本人になりたい人間がどれほどいるか？　を考えてみるべきだ。

そこで、再度これまでの移民論争を振り返ると、日本政府が受け入れたいとしている移民は、次の3種類である。

(1) 富裕層（お金持ちで日本に投資し、おカネを落としてくれる人々）
(2) 高度人材（高いスキルを持つ技術者、科学者、ビジネスエリートなど）
(3) 単純労働者（日本人の人手が足りない建設労働、店舗労働、介護労働などに従事してくれる人々）

この三つのうち(1)(2)は、現状では、まったくと言っていいほど日本にやって来ないだろう。実際、ほとんど来ていない。来ているのは、とりあえず必要だからと受け入れている(3)の人々である。しかし、(3)さえもいずれやって来なくなるかもしれない。

なぜ東京に、ニューヨーク、ロンドン、シンガポールのように富裕層がやって来ないかを、考えたことがあるだろうか？　これに関して私は、自著で散々書いてきたが、端的に言えば、この国には富裕層向けのサービスがほとんどないからだ。また、税制がひどすぎる。この国で資産を持った場合、あらゆる所得に課税される可能性がある。

とくに相続税はひどい。税率をうんと下げるか、廃止しないかぎり、富裕層はやって来ない。

また、なぜ高度人材がやって来ないかは、高等教育が世界基準とズレており、さらにレベルが低いからだ。たとえば、英誌「タイムズ・ハイヤー・エデュケーション（ＴＨＥ）」による

「世界の学生が留学したい国トップ20」に日本は入っていない。ちなみに、中国は9位、韓国は16位である。

また、同じ「THE」(2019年度版)の世界の大学ランキングでも、東京大学は42位、京都大学は65位と、とても先進国の大学とは呼べない状況になっている。この状況は、「2028年　大学は潰れ、卒業しても職なし借金まみれ」の章でさらに詳しく解説する。

大学のランキングが低いということは、研究予算も低く、学生のレベルも低く、いい就職も望めないということである。これでは、いくら「来てほしい」と言っても、相手にされない。

富裕層と高度人材が来ると、(3)の移民は自然とやって来る。なぜなら、たとえば、メイドなどの移民労働者は富裕層が雇うからだ。このことはじつは深刻な問題で、すでに現実化している。

たとえば、建設労働者にしても、日本より稼げるところは世界中に数多くある。金持ち国家のドバイやカタールなどのほうが、日本より賃金は高いし、最近は、アジアでも新興国の発展が目覚ましいから、建設労働の仕事は日本以上にある。

また、メイドなどの派遣労働にしても、たとえばフィリピンは世界中にメイドを輸出しているが、彼女たちは富裕層が多く待遇がいいシンガポールや香港、ハワイ、カリフォルニア、フロリダ、イギリス、スイスなどに真っ先に行き、日本にはあまり来なくなった。

さらに、最近の円安も移民に対してはマイナスに働く。円がドルに対して下げれば、日本での稼ぎはほかの先進国に比べて相対的に少なくなるからだ。

日本の近未来は埼玉県川口市にある

現在の移民政策で、移民を受け入れていくとどうなるだろうか？

おそらく、前記した多国籍団地や多国籍タウンがどんどん増えていくのは間違いないだろう。とくに中国人は世界どこでも、集まって暮らし、自分たちのコミュニティをつくる傾向が強いから、「チャイナ団地」や「チャイナタウン」がさらに増えるだろう。

現在、そうした近未来を先取りしているのが、埼玉県川口市の「芝園団地」と「西川口チャイナタウン」だ。芝園団地は、約４５００人が住む巨大な団地だが、２０１７年についに中国人比率が50％を超えた。つまり、いまやこの団地は、ほぼ中国と化し、団地内の店舗も中国向け、飛び交う言語も中国語となってしまった。

中国人が移り住み始めた当初は、日本人住民とのトラブルが絶えなかったという。たとえば、次のような苦情が続出した。

ベランダからのゴミ投げ捨て、裸でベランダをウロつく、夜中に廊下でたむろする、そこら中にタンやツバを吐く、自治会費を払わないなど……。

しかし、現在ではそうした苦情も減り、日本人住民と中国人住民は仲良くとはいかないまでも、静かに共存しているという。ただし、日本人住民は高齢者が多いから、いずれ芝園団地は、完全なチャイナ団地になるはずだ。

西川口チャイナタウンは、横浜の中華街を子どもの頃から知っている私には、まったく別のチャイナタウンだ。そこは、まさに、中国そのもの、「中国人の中国人による中国人のためのチャイナタウン」だからだ。横浜の中華街は、日本に溶け込んでいる。しかし、西川口にはそれがない。かつて西川口は、フーゾクの街だった。それが、取締りの強化で閉店する店が出ると、中国人がやって来て飲食店に改造した。そうしてついに、完全なチャイナタウンにしてしまったのである。

移住中国人の若者に聞くと、日本に移住した最大の理由は、二つだ。まず、仕事があること。そして、中国よりはるかに充実した社会保障制度があること。彼らは、「中国より日本のほうが暮らしやすい」と、口々に言う。繁栄している沿岸部ではなく、恵まれない地域で育った中国人にとって、まだまだ日本は先進国なのである。これは、ベトナム人やインドネシア人にとっても同じだ。

このアドバンテージがあるうちに、日本は将来を見据えた〝本物の〟移民政策を整えなければならない。しかし、それができるだろうか？

2025年

年金破綻で右も左も貧困老人ばかり

年金で生活できる時代は、もうそれほど長く続かない可能性がある。デフレからインフレに転じれば、年金支給額は大幅に減額される。団塊世代がそろって後期高齢者入りする2025年は、年金の大きなターニングポイントだ。

もし、年金財政が破綻すれば、大量の貧困老人が街にあふれることになる。

「年金は破綻しない」というのはお伽話

２０２５年、日本の高齢化率が30・３％に達し、団塊の世代がすべて75歳以上になったとき、社会保障費の総額は２０１７年時点の約１２０兆円から１５０兆円になると見られている。

それから遅くとも10年以内、２０３０年代前半には、年金積立金は枯渇《こかつ》する。すると、「所得代替率（現役時代の給料と年金支給額の比率）50％を死守する」という政府の国民との約束は、完全に反故《ほご》にされるだろう。

もちろん、そこまでいかなくとも、すでに年金は破綻しているも同然だ。現状でも、２０２５年まで年に２％以上の経済成長を続け、毎年１・５％ずつの賃金アップを同時に達成しなければ現在の給付金額は維持できないのだ。しかも、年金を払う側の人口は、毎年確実に減少している。

そこで、ずっと言われてきたのが、消費税のさらなる増税である。ただし、１％上げても税収は２兆円ほどしか増えないので、２０２５年には15％、２０３０年には20％にしなければならないという話になっている。しかし、これはあまりにも無茶な話だ。さすがに国民は猛反対し、政権は転覆《てんぷく》してしまうだろう。

そこで結局は、支給開始年齢を上げる、支給額を減らすということになる。このほうが、国民の抵抗は少ないはずだから、より現実的と言える。

このような現状なのに、いまだに「年金は破綻しません」と言う人たちがいる。いったい、どの口で言うのかと思うが、突き詰めれば、たしかに年金は破綻しない。

しかし、それは、たとえば60歳から月20万円という金額が、75歳から月5万円になるという話である。月5万円でも年金は年金だが、これは破綻と同じだ。年金というのは老後の最低限の生活保障である。月5万円では、この日本では暮らしていけない。したがって、「年金は破綻しない」というのはお伽話《とぎばなし》であり、信じてはいけない。

問題の本質は「人口ピラミッド」がイビツなこと

総人口に占める高齢人口（65歳以上）の比率が14％以上になると、「高齢社会」と呼ばれる。同じく21％を超えると「超高齢社会」と呼ばれる。

日本では、１９７０年の国勢調査時点で高齢人口は７・１％だった。つまり、この時点では日本は高齢社会ではなかった。むしろ、人口が増え、子どもたちが多い、若い社会だった。こういう人口増社会では、年金制度というのは素晴らしい制度だった。多くの若い人々が、現役を引退した数少ない高齢者を支えることができた。

しかし、１９７０年から四半世紀を経た１９９５年、日本の高齢人口はとうとう14・５％になり、日本は高齢社会に突入してしまった。そうして、それからわずか12年後の２００７年には65歳以上の人口が21・５％となり、ついに超高齢社会がやって来たのである。

［図表12］日本の人口ピラミッドの推移

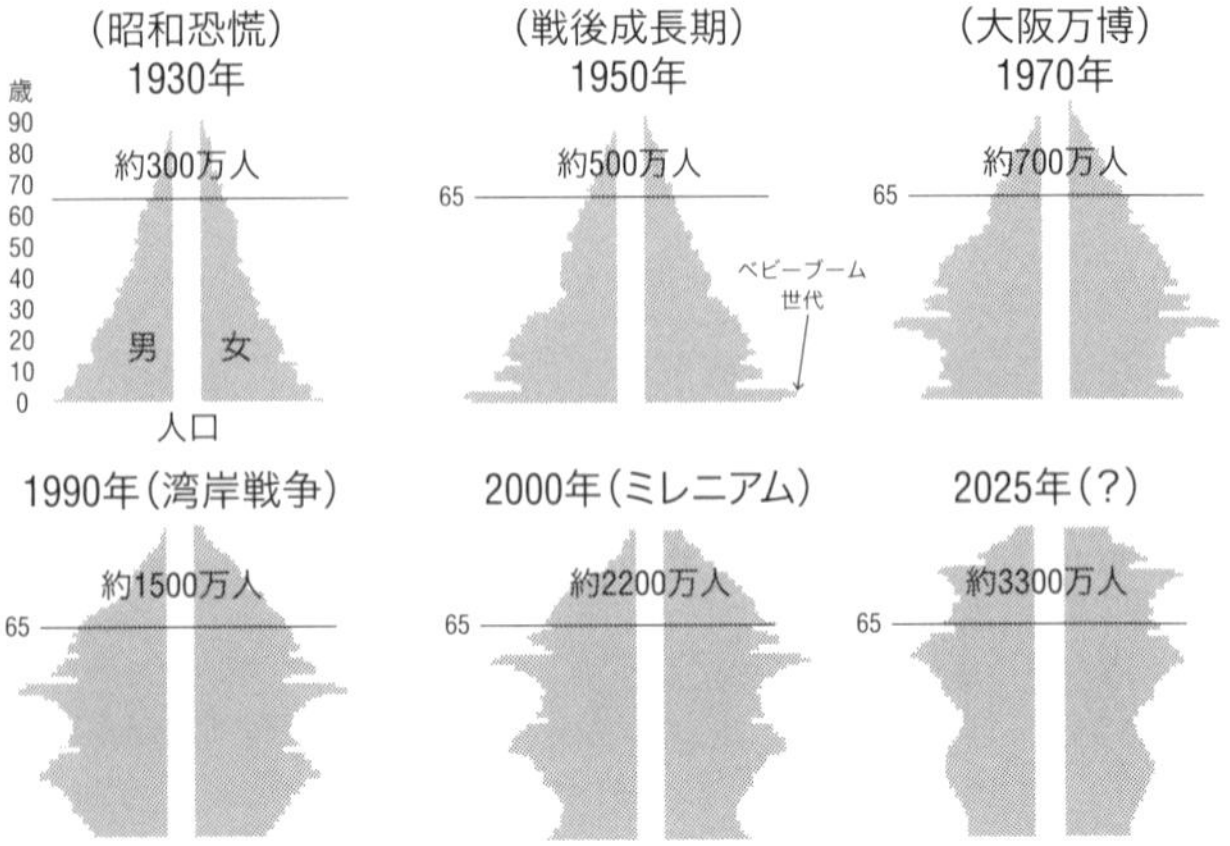

出典：国立社会保障・人口問題研究所

超高齢社会の最大の問題点は、社会保障費がうなぎ上りに増えることだ。こうなると、それを支える若い世代がどんどん増えなければ、年金制度に限らず、ほぼすべての社会システムは維持できない。

人口が減っていることが問題視されているが、この問題の本質は、減っているのが子どもや若者、働く世代であるということだ。つまり、人口ピラミッドが「壺型《つぼがた》」というイビツな構造になっていることが、最大の問題なのだ。

上掲の図表12は、日本の人口ピラミッドの推移グラフである。戦前の１９３０年、戦後の１９５０年を見ると、人口ピラミッドはほぼ完全な「三角形」をしている。それが、１９７０年を転換点として大きく変わり、１９９０年、２０００年となると「壺型」になってしまった。さらに２０２５年を境に、今度は「逆三角形」になっていく。このグラフにはないが、このままいけば2050年にはほぼ完全な逆三角形になる。

日本の年金制度は、「積立方式」ではなく「賦課《ふか》方式」で運営されている。賦課方式というのは、現役世代が納めた保険料が、そのときの年金受給者への支払いに充てられるということである。つまり、年金は税金と同じように徴収され、それが分配されるというわけだ。

しかし、この賦課方式は、人口減社会では〝詐欺〟と言っていい。なぜなら、年金を払う世代が年々減り、受け取る世代が増えると成り立たなくなるからだ。人口ピラミッドが三角形のときはいいが、壺型で歪《ゆが》みが生じ、逆三角形になると完璧に破綻する。

年金を払うのは、現役世代である。20歳〜64歳を現役世代と呼ぶが、この世代が65歳以上の年金世代を支えている。とすると、その割合が多ければ多いほどいい。日本は、長い間、現役世代5人以上で年金世代1人を支えるという社会だった。それが、2000年には3・6人で1人を支えることになった。そして、2025年には、その半分の1・8人で1人を支えることになってしまうのだ。

ネズミ講とまったく同じ詐欺システム

日本国民は20歳になると、年金に入らなければいけないことになっている。その額は、国民年金で毎月1万6340円。そこで、仮にあなたが年金徴収係として、20歳になった若者たちに「年金に加入してください」と勧めることになったら、なんと言うか考えてみてほしい。

破綻する（＝将来、給付はほとんどなくなる）がわかっているのに、年金加入を勧められるだろうか？

若者たちだってバカではない。これが、貯金だなどと思っている若者はほとんどいないはずだ。そうすると、彼らはこう聞いてくるだろう。

「年金は、何歳になったらもらえるのですか？」

あなたは「45年後。あなたが65歳になったときです」と答えるしかない。

おそらく、これを聞いて若者は絶句する。「45年も先にしかもらえないおカネをいまから払い続けるなんておかしい」と言い出すだろう。

それでも、あなたは国がやっている、国民の義務だからと、加入を勧められるだろうか？

この先、支給年齢も引き上げられるのは確実視されているのだ。

次に若者が聞いてくるのは、金額だ。

「ではいったい、年にいくらもらえるんですか？」

あなたの答えは、こうである。

「現在、基礎年金は年間約60万～70万円ですから、おそらく、それと同額がもらえると思います」

はたしてこれで、年金に素直に加入する若者がいたとしたら、頭がおかしいとしか思えない。

まともな若者なら、半世紀後の世界がいまとは大きく違った世界になっていることを知っている。半世紀先といえば、2045年の「シンギュラリティ」（Singularity：技術的特異点）以後の世界であり、そのとき、人間はAIと合体するような進化（＝ポストヒューマン）を遂げているかもしれない。

ほとんどの仕事はAIやロボットがやるので、働く仕組みも経済の仕組みも大きく変わっている。だいたい、現金があるかどうかもわからない。インフレが来て、貨幣価値が大きく下がっているかもしれない。そんな未来に、年間60万〜70万円しか約束されないおカネが役にたつだろうか？

若者でさえ、現在の日本が人口減社会で、日本の人口は2048年には1億人を割って9913万人となり、2060年には8674万人になること（国立社会保障・人口問題研究所「日本の将来推計人口」）は知っている。そうなれば、年金制度など成り立たなくなるのはわかっている。そこで、こう言ってくるだろう。

「年金って〝ネズミ講〟と同じではないですか。この先、加入者が増えなければ維持できないのではないですか」

あなたは、これに反論することはできない。

つまり、年金は国家による〝ネズミ講〟であり、親元が国家だから詐欺として摘発できないが、国家犯罪である。そして、その被害を受けるのは、これから高齢者の仲間入りをしていく全国民である。

マクロスライドで実行される「年金減額」

２０１６年11月29日、衆院本会議で「年金改革法案」が衆議院を通過したとき、与党と官僚は「現役世代の負担を抑え、将来の年金の安定につながる」と大見得を切り、野党は「年金カット法案の強行採決だ！」と騒いで、国会は大揉《も》めになった。

では、どちらの主張が正しかったのか？

もちろん、野党である。野党が指摘したように、この法案により、年金は確実に減額されることになったからだ。この減額は、二段構えになっている。

まず、２０１８年４月に年金支給額の伸びを賃金や物価の上昇より抑える「マクロ経済スライド」を見直すとした。次に、２０２１年から「賃金の下げ幅に連動して支給額も下げる」という新ルールを適用することになった。

マクロ経済スライド制度とは、ひと言で言うと、年金を支払うための年金保険料収入の上限を決め、そのパイのなかで年金の給付額を調整するというものだ。

２００４年、厚生労働省は、２１００年度までの年金財政の貸借対照表を試算し、「２１００年度までに必要となる年金給付額７４０兆円のうち、厚生年金で４３０兆円、国民年金でも50兆円の財源が不足している」と発表した。そうして行われたのが、マクロ経済スライド制度を導入した年金の大改革だった。

具体的には、保険料率（厚生年金の場合）を２０１７年まで段階的に引き上げて18・３％に固定したうえで、１００年間の収入総額をまず決定した。そして、これと１００年間の給付総額が必ず一致するように、受給者１人あたりの給付水準を自動的に調整していく仕組みにしたのである。

なぜ、保険料が18・３％固定になったかと言うと、「所得代替率」が50％を少し上回るからだ。こうして、保険料率を決め、給付水準を調整することになったわけだが、この給付水準は物価上昇率と平均賃金の上昇率のうち、どちらか低いほうを採用して連動するということになった。この調整の仕組みは、物価と賃金の変動の組み合わせによってさまざまなケースが想定されるため、それぞれに細かくルールが設定された。その全部を示すのは、ここでは避けるが、大まかなイメージを示すと図表13（１４２ページ）になる。

この図表の上段にあるように、従来だと物価が１％上昇すれば、年金支給額は１％上昇したが、マクロ経済スライドが発動すると、図表の下段にあるように抑制されることになった。この場合は、物価が１％上昇しても賃金が上昇しなかったので、低いほうをとって前年と同じ支給額となったというわけだ。これは、支給額の実質的な減額である。

なお、この改革を厚生労働省は「１００年安心」と言った。

ところが、改正法案が成立した直後に、保険料の引き上げ率を決めた出生率が実際よりも高めだったことが判明し、「１００年安心」という厚生労働省のうたい文句は、まったくのマヤカシだったことが判明した。

［図表 13］マクロ経済スライドの仕組み

年金額は物価に連動

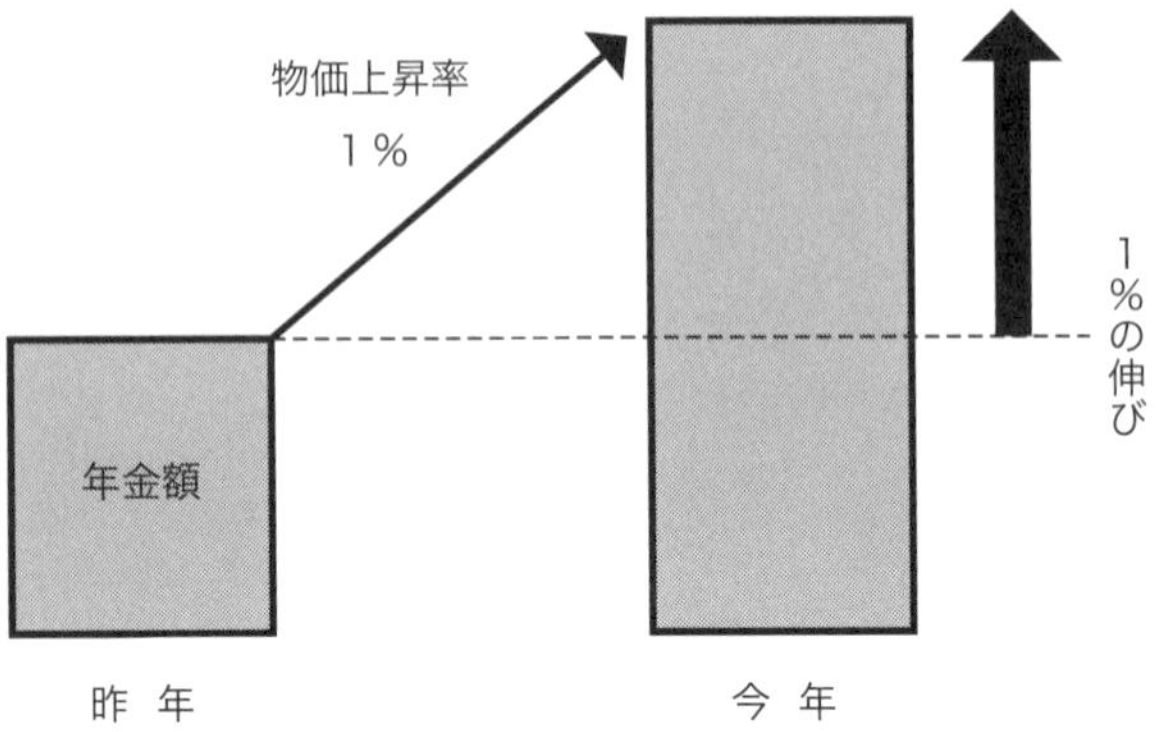

年金額は賃金に連動

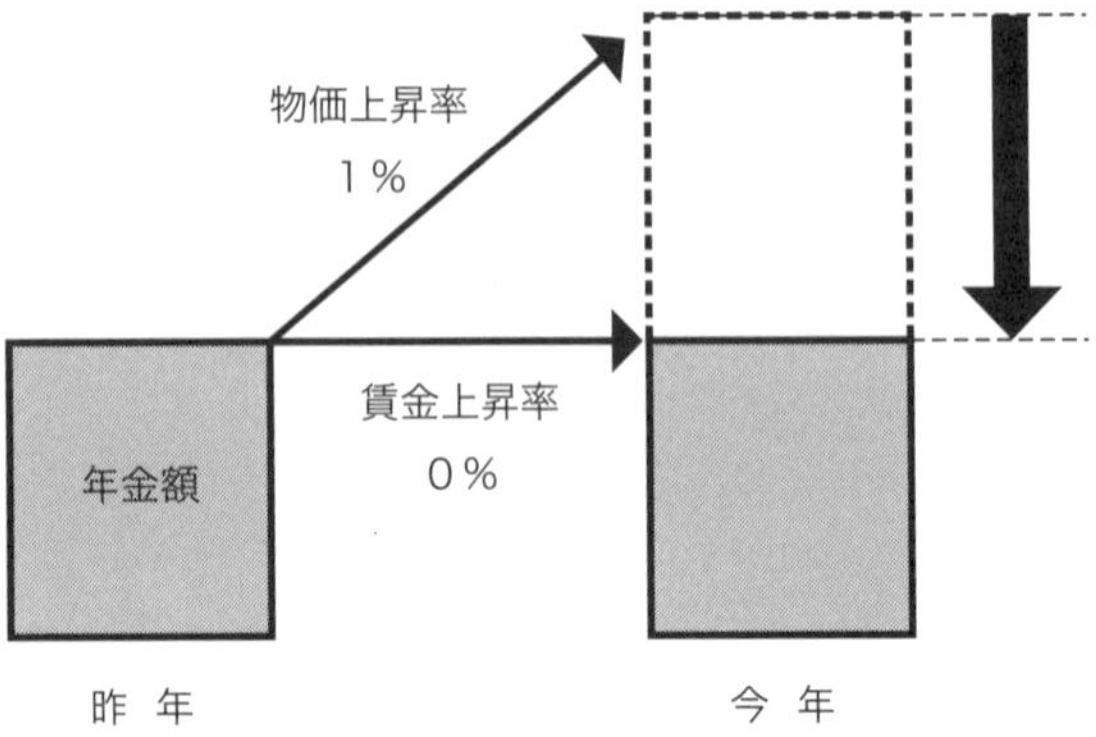

ただし、マクロ経済スライドは、デフレ下では実施しない仕組みになっていたので、その後、発動されなかった。つまり、デフレのおかげで年金は減額されないですんできたのだ。

しかし、2014年に消費者物価が上昇したため、2015年度に初めて発動されることになった。ただ、これまで発動されたのはこの1回きりである。

しかし、今後はインフレがくれば必ず発動される。このインフレ時に賃金上昇がともなわないと、年金は実質的に大きく目減りする。もし、ハイパーインフレがくれば、年金はないも同然となる。

しかも、2018年度からはスライドの未調整分は翌年度以降に繰り越される「キャリーオーバー制度」となった。これは、物価や賃金が大幅に上がったとき、それまでの未調整分もまとめて差し引いて、給付する年金額を抑制するというものだ。

そうなれば、「老後破産」が激増する。公的年金の実受給権者数は、2015年度末で4025万人と厚生労働省は発表している。このうちのほとんどの人が、生活困窮者となるだろう。そうなると、年金より生活保護を頼ることになるが、国の財政に、そんな予算がないのは明白だ。人々は路頭に迷うだろう。

高齢世帯の過半数が「生活が苦しい」と回答

ここ数年、〝公共放送〟NHKは、「ワーキングプア」や「無縁社会」、「老後破産」など、貧困をテーマにした番組制作に力を入れてきた。これまで放映された「老後破産」の番組のなかでは、月に1回、近所の大学の食堂で定食を食べることだけが楽しみだと話すひとり暮らしのお年寄りの話が紹介されたり、年金支給日の直前になると、1円玉しかおカネが残っていないというお年寄りの様子が放映されたりした。「まさか、ここまで」と、視聴者は大きな衝撃を受け、問い合わせが殺到したという。

2025年に後期高齢者となる「団塊世代」の人口は、およそ1000万人とされる。いっとき、彼らは「逃げ切り世代」と呼ばれたが、その実態を知れば、とてもそんなことは言えない。

年々、減少を続けてきた退職金をなんとかゲットしたが、老後の生活を支える年金は減額されている。そのため、足りない生活費は貯金を食い潰すしかない。そこに、予期せぬ親の介護がやってくる。さらに、子どもは正社員就職がかなわず非正規暮らし。こうなると、いつ破綻してもおかしくないのだ。

老後生活のアンケート調査によると、貯蓄が100万円程度しかないという人は2割を超えている。彼らの多くは「破産予備軍」ということになる。

厚生労働省の「国民生活基礎調査の概況」を見ると、65歳以上の高齢者世帯の生活が、年々苦しくなっていることがわかる。生活意識について「大変苦しい」と「やや苦しい」の合計は、1995年に36・7%だった。ところが、1999年に47・8%、2004年には過半数の

50・0％と上昇し、10年後の2014年には58・8％に達し、過去最悪となった。その後、2015年、2016年はやや改善したものの、「ややゆとりがある」「大変ゆとりがある」と答えた人たちが増えていて、高齢世帯が2極化していることがうかがえる。

同じく厚生労働省の「国民年金被保険者実態調査」を見ると、1940年代後半生まれの団塊の世代では年金未納・免除者率が30％程度であるのに対し、それ以降は、1950年代前半生まれ（65歳前後）で35％前後、1950年代後半生まれ（60歳前後）で45％前後、1960年代前半生まれ（55歳前後）で40％台後半と上昇している。

つまり、団塊世代は保険料をきちきちんと納《おさ》めていない人が、案外多いのである。これでは、受給できる年金額はわずかでしかない。

厚生年金に加入せず、国民年金だけとすると、月の支給金額は満額でも6万4941円。途中、支払っていない期間があれば減額される。これでは、年金だけで生活が成り立ちようがない。

「国民生活基礎調査」から、無年金世帯と主収入を年金・恩給に頼る低所得（年収200万円以下）世帯数を概算すると、「貧困高齢者世帯」は、1997年には211万世帯だったが、2012年には倍以上の445万世帯に増加している。ということは、約1300万の高齢者世帯の4分の1が「貧困高齢者世帯」ということになる。

こんな状況が続くなか、年金が破綻してしまえば、高齢者は社会から切り捨てられるだろう。「貧乏老人」は〝社会のゴミ〟扱いされるようになるかもしれない。

2026年

ヤンキー絶滅、
結婚難民、
女性残酷社会

新しい消費の担い手と期待された「マイルドヤンキー」だが、やがて姿を消すだろう。経済の低迷は、彼らを貧困に追いやり、いままでどおりのジモティ暮らしは不可能になる。そんななか、結婚したくてもできない「結婚難民」が増加し、たとえ結婚したとしても、生涯、低賃金で働かされるという「女性残酷社会」が続いていく。

マイルドヤンキーが〝消費の主体〟になる

昔なら、どの街にも「ヤンキー」と呼ばれる危ない若者たちがいて、コンビニや駅前でたむろしていた。しかし、彼らはいつの間にかいなくなり、その後、「マイルドヤンキー」が登場した。

マイルドヤンキーは、ヤンキーとは違って危ないところ、不良っぽいところはほとんどなく、都会より地元を愛し、地元で暮らし、地元で何もかもすませる若者たちだ。首都圏の郊外都市や地方の中核都市なら、イオンなどの大型ＳＣ（ショッピングセンター）に行けば必ず出会うことができる。

このマイルドヤンキーの名付け親であり、彼らの実態をクラスターで捉えて分析したのが、博報堂ブランドデザイン若者研究所のマーケティングアナリストの原田《はらだ》曜平《ようへい》氏だった。彼の著書『ヤンキー経済――消費の主役・新保守層の正体』（幻冬舎新書、２０１４）はベストセラーになり、それによってマイルドヤンキーが大きくクローズアップされることになった。

原田氏の本が画期的だったのは、マイルドヤンキーという新世代が、これからの〝消費の主体〟になるとしたことだ。

かつて『下流社会』（三浦展《みうらあつし》、光文社新書、２００５）が同じような若者たちを「下流」と位置付けて否定的だったのに対し、原田氏の本は肯定的だった。極論すれば、マイルドヤンキーを活性化すれば、日本経済は元気を取り戻すと期待させてくれた。

しかし、そんなことがその後に起こっただろうか？

それを知るために、まず、マイルドヤンキーがどういった若者たちだったのか見てみたい。

次が、彼らの主な特徴である。

・首都圏、大都市圏の郊外都市や地方都市に在住
・家から半径5キロメートル圏内が行動範囲の〝ジモティ〟
・仕事先は地元の工場や商店、飲食店などが中心
・休日は地元のSCに集ってすごすことが多い
・地元の仲間とよく居酒屋に行く
・コンビニ弁当は野菜中心のオーガニック弁当より、こってり系の唐揚げ弁当を好む
・刺さる言葉は「絆《きずな》」「家族」「仲間」（地元愛が強い）
・冠婚葬祭には興味がない
・結婚式は地味で、「できちゃった婚」が多い
・上昇志向は「低い」かほとんど「ない」
・ややこしい理屈より「気合」でものごとをやる
・スマホに接する時間が長い

「なるほど、こんな若者たち、いるいる」と思った人も多いだろうが、一つの大きな疑問があった。それは、彼らが本当に今後の消費の主体になるのだろうか？　ということ以上に、このような彼らのライフスタイルは本当に自分たちの意思によってつくり出されたものなのだろうか？　ということだった。

はっきり言うと、若者の貧困化が進み、若者たちはこんなライフスタイルにならざるをえなかったのではないか。もし、そうなら彼らが消費を牽引《けんいん》するわけがないということだ。

なぜ若者はクルマを買わなくなったのか？

自動運転車が実現し、カーシェアリングの時代がやって来ることが確実になった。そのため、いまや新車を買うということが、じょじょに廃《すた》れようとしている。

じつは、これを先取りしていたのが、マイルドヤンキーたちだ。かつてクルマは、〝若者文化〟の象徴だった。若者たちは適齢になると免許を取り、好みのクルマを手にいれることに狂奔《きょうほん》した。

それが、いつの間にか売れなくなり、「なぜ若者はクルマを買わなくなったのか？」ということが、さかんに議論されるようになった。そのとき、多くの識者が、若者たちの嗜好《しこう》、消費性向が変わったからだと言った。

しかし、若者がクルマを買わなくなったのは、嗜好や消費性向の問題ではない。単にクルマを買うおカネを稼げなくなったからだ。その証拠に、「マイルドヤンキーの憧れのクルマはミニバン」とされた。軽自動車なら、なんとか手が届く。しかし、普通車となると手が出ないというのだ。

かつて日本自動車工業会は、「若者のクルマ離れ」について調査した。その調査報告「2015年度　乗用車市場動向調査」では、クルマを保有していない20代以下の社会人にアンケートを実施し、その理由について以下のような回答（複数回答）を得ている。

⑴そもそも車を購入する意向がない（59％）、⑵買わなくても生活できる（40％）、⑶駐車場代などいままで以上におカネがかかる（28％）、⑷自分のおカネはクルマ以外に使いたい（23％）

⑴が6割近くに達しているのに驚くが、「購入する意向がない」ということは、「買うのを諦めている」ということにすぎない。また、⑵⑶⑷はいずれも経済的な判断である。こうして若者たちは、買うなら普通車に比べて安い軽自動車にシフトしたのである。

次の図表14（152ページ）は、近年の新車販売台数の推移である。日本国内におけるクルマの販売台数は、2014年をピークに落ちている。軽自動車もまた同様に落ちている。マイルドヤンキー憧れのミニバンも、じょじょに手が届かなくなっているのだ。

クルマが売れなくなれば、ガソリンを供給するガソリンスタンドも減る。現在、全国のガソリンスタンド数は、ピークだった1994年の6万店から半減している。1994年3月末から2015年3月末にかけての減少率は東京都がもっとも高く60％減で第1位、続いて大阪府

［図表 14］国内新車販売台数の推移（2011 ～ 2017）

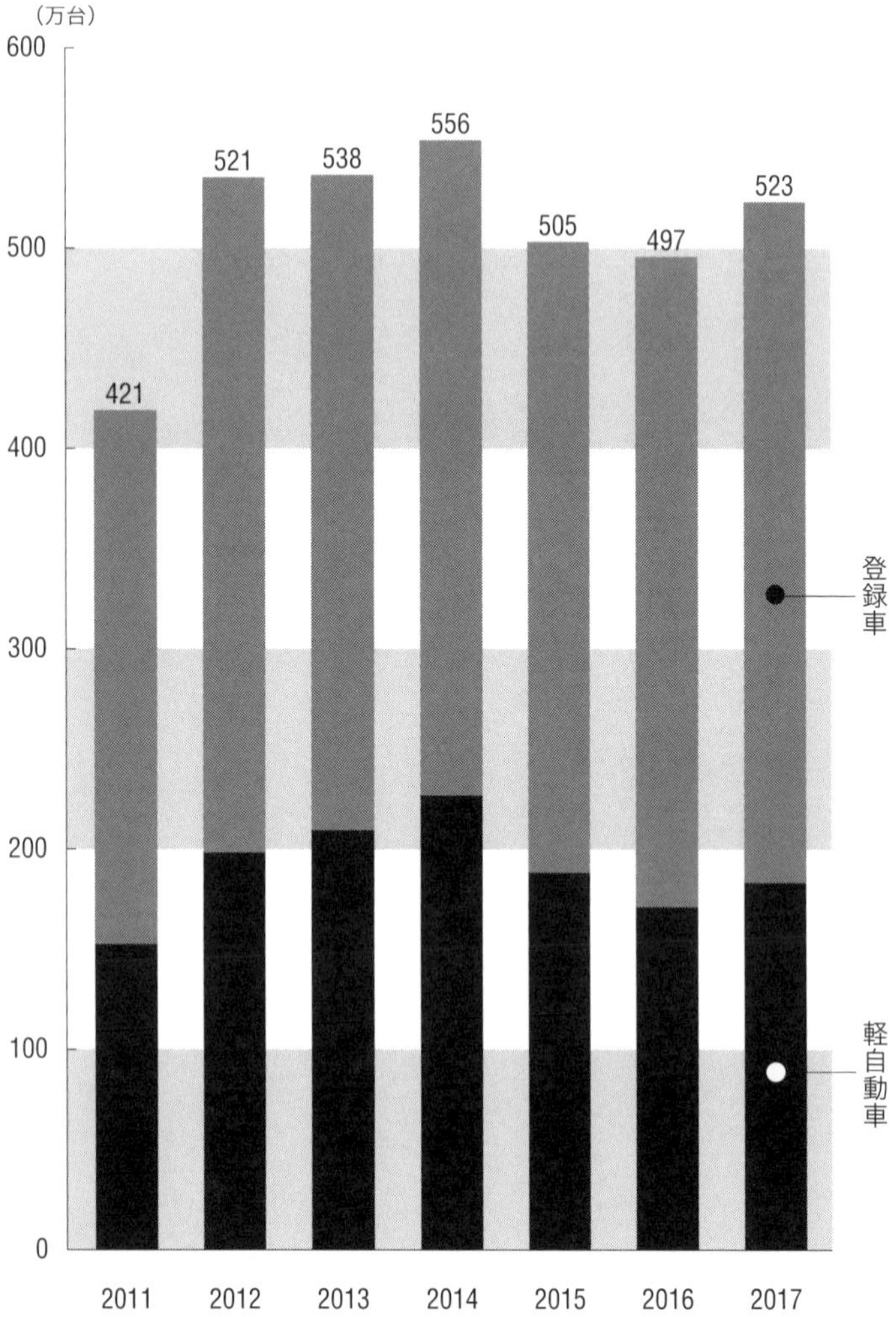

出典：日本自動車販売協会連合会、全国軽自動車協会　単位：万台

が56％減、広島県が54％減、神奈川県が51％減となっている。

このようなクルマ社会の変化とともに、マイルドヤンキーは姿をじょじょに消すようになった。なお、ここからはヤンキーもマイルドヤンキーもまとめて「ヤンキー」としていく。

ショッピングセンターの閉鎖でマイルドヤンキーの居場所が消滅

ヤンキーたちの集いの場所とされるＳＣも、閉店を加速させている。イオン、イトーヨーカドー、ヤマダ電機などは、近年、郊外店を次々と閉鎖した。イオンの場合、郊外店ばかりか、徳島リバーシティ、大分サティ、会津サティなどの中核都市のＳＣも閉鎖した。

かつてＳＣの出店ラッシュの時代があった。それは、自動車普及率の上昇とパラレルだった。１９９０年代は、郊外型ＳＣの出店ラッシュの時代で、２０００年代に入ると、大店立地法が施行されたため、ＳＣはさらに郊外化、大型化した。

その結果、鉄道の駅を中心に発展した駅前商店街はシャッター通りとなり、ヤンキーたちはＳＣに集まるようになった。こうして生まれたのが、ヤンキーたちによる〝ロードサイド文化〟である。

しかし、２００６年に都市計画法が改正されて郊外の大型ＳＣの新規建設が規制されると、

ＳＣは「勝ち組ＳＣ」と「負け組ＳＣ」に2極化し、ついに「負け組ＳＣ」の閉店ラッシュとなった。これを加速化させてきたのが、ネットショッピングの拡大に次ぐ拡大だ。

その結果、ヤンキーたちも、ネットでモノを買うようになり、ヤンキーらしさをどんどん失っていった。

ヤンキーたちは、子どもの頃から一緒だった地元の仲間と地元で暮らし、やがて結婚し、子どもをつくる。この順序が逆だと「できちゃった婚」になる。そのせいか、彼らは結婚式はやらないか、おカネをかけない。

２０００年代になってから、日本の結婚式が地味になっていった。それまでは、一生に一度のことだからと、年々盛大になっていったのに、がらりと変わった。

これは、ヤンキーたちが、結婚式に対する価値観を変えさせたからだ。彼らは「派手な結婚式＝馬鹿っぽい、かっこ悪い」とし、「ジミ婚」をトレンドにしてしまったのである。

その結果、かつてどこの街にもあった結婚式専用施設は姿を消し、ホテルでの披露宴数も減った。

厚生労働省のデータによると、高学歴女性ほど子どもをつくらない。母親の学歴に反比例して子どもの数は減る傾向にある。そこで、学歴と収入が連動するとすれば、低学歴で貧しい層ほど子どもをたくさんつくるということになる。

ヤンキーたちの学歴は高くない。したがって、彼らは低下するばかりの出生率の向上に、いちばん貢献してきた。少子化は、ヤンキーたちには起こらなかったのである。

若者の2極化とヤンキーたちのその後

ヤンキー文化研究の第一人者として知られる、東北大学大学院教授の五十嵐太郎《いがらしたろう》氏は、「週刊現代」の記事「日本人の9割がヤンキーになる」（2013年12月7日号）のなかで、次のように述べていた。

《「学歴が上がるにつれ、ヤンキーは周囲からいなくなっていきます。東京に住み、学歴が高く、収入の高い人は、物理的にヤンキーと接する機会がない。しかも、地方から東京に出てくる人が減っているとすれば、今後ますます階級格差は固定化されるはずです。

一方で郊外や地方に住むヤンキーたちには、そもそもエリートが何の仕事をし、ふだん何を食べ、どんな遊びをして暮らしているのかまったく分からない。上流の文化が存在するということさえ知りません。これまで日本では、アメリカやヨーロッパのように経済以外、つまり文化の面で露骨な階級格差が表れることはありませんでしたが、社会構造が変わりつつあるのでしょう」》

この記事から、本稿執筆時点で、すでに5年の歳月が経ったいま、若者たちの2極化はますます進んでいる。ヤンキーたちの姿を見かけることがあまりなくなり、彼らが単なる貧困ヤングになってしまったことを実感する。

このままいけば、2020年代には、確実にヤンキーたちは消滅する。そのとき、若者と言えば、アメリカで言う「Y世代」（ミレニアル世代）に続く「Z世代」のことを指すようになるだろう。彼らは1995年以降に生まれた世代で、生まれたときにすでにネットがある「デジタルネイティブ」である。したがって、SCや居酒屋でコミュニケーションを取るより、スマホでオンタイムのコミュニケーションを取る。ヤンキーとはまったく違う価値観、スタイルで生きている。

では、消えゆくヤンキーたちは最終的にどうなってしまうのだろうか？

前出の「週刊現代」の記事には、「新ヤンキーの人生には続きがある」として、次のようなことが書かれていた。

《ヤンキーたちはほとんどが若年婚だから、夫婦ともに定職を持たないケースが多い。夫は職を転々とし、妻もバイトなどをして子育てをする。しかし、2人目、3人目の子が生まれると家計は逼迫する。そして、歳をとるにつれ働き口がなくなるので、ヤケになった夫はギャンブルに走る。そうして困窮した妻子は家を出て、生活保護で暮らすようになる。》

生涯結婚できない「結婚難民」が激増

［図表15］生涯未婚率の推移（1950～2040年）

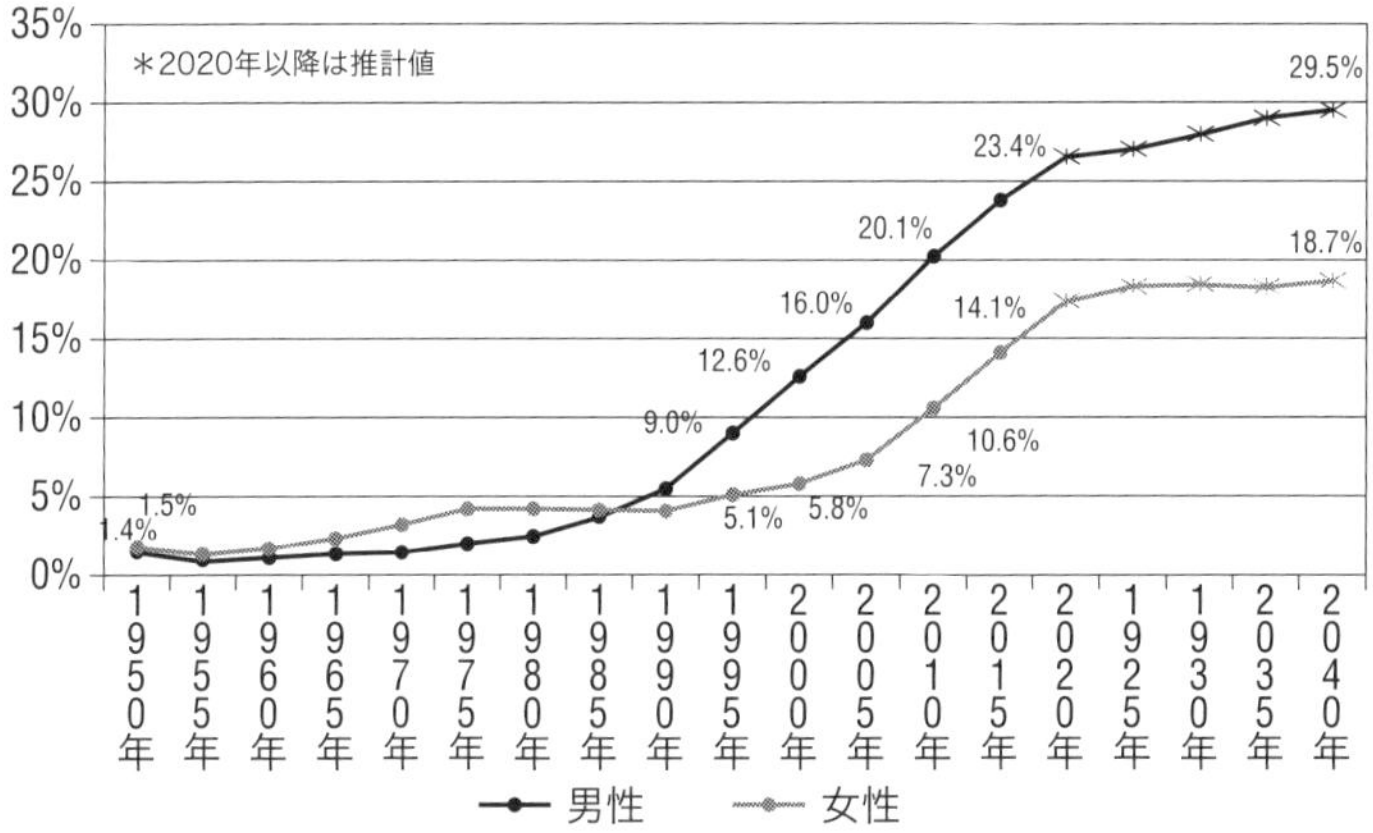

参照：内閣府「少子化社会対策白書2017度版」に基づいて作成

ヤンキーの消滅とともに進んできたのが、「結婚難民」の激増だ。

「生涯未婚率」という統計がある。これは、50歳まで1度も結婚をしたことがない人の割合を示すものだが、２０１５年の国勢調査（確定値）によると、その割合は男性で23・4％、女性で14・1％である。つまり、男性のおよそ4人に１人、女性のおよそ7人に１人が生涯未婚ということになる。

生涯未婚率は5年に1度の国勢調査を基に算出される。前回の２０１０年の国勢調査時は、男性が20・１％、女性が10・６％だった。ということは、たった5年で男性が3・3ポイント、女性が3・5ポイントも上がったことになる。

上掲の図表15は、生涯未婚率の推移のグラフである。これを見ると、１９５０年は男性が1・5％、女性が1・4％にすぎなかったのに、

１９８０年から男女ともじょじょに上がり始め、１９９５年に男性が９・０％、女性が５・１％になると、その後はものすごい勢いで上昇している。

２０２０年以降は推計値だが、このままいけば、こうなるのは確実と思われる。そして、２０２５年には男性が25％を突破し、女性も15％を超える。さらに、２０４０年には男性が29・５％、女性が18・７％にまでになる。となると、男性では３人に１人、女性では５人に１人が生涯独身ということになってしまう。

女性は経済力、男性は容姿を求めてさまよう

こうした未婚率の急上昇は、なぜ起こったのだろうか？　国立社会保障・人口問題研究所では「出生動向基本調査」という調査を実施していて、そこには18歳から34歳までの男女を対象にした結婚の意思の確認調査がある。それによると、２０１５年は「いずれは結婚したい」と考える人の割合が、男性で85・７％、女性で89・３％となっている。20年ほど前の１９９２年の同調査では、男性が90・０％、女性が90・２％だった。つまり、結婚願望は20年前もいまもほとんど変わっていない。それなのに、未婚率が急上昇してきたということは、「結婚したくてもできない」ということではなかろうか。

いったいなぜ、結婚できなくなってしまったのか？

その理由は、あまりにも悲しいと言うほかない。ずばり経済的理由であり、もっと言えば若

者が貧しくなったからだ。

これまで、多くの結婚に関するアンケート調査が行われてきた。そうした調査で、独身者に「なぜ結婚しないのですか?」と聞くと、ほぼどの調査でも結果は同じだ。男女とも最上位にくるのが「適当な相手にめぐり会えなかったから」である。

そこで、「適当な相手」とは誰かと、具体的に結婚相手の条件を聞くと、男性の最上位は「女性の容姿」(約4割)になるが、女性の場合は「男性の経済力」(約7割)となる。

結婚は〝一種の妥協〟と言われる。その妥協の条件が、女性の場合、はっきりと経済力なのである。

これでは、晩婚化、非婚化が進むのは仕方ないだろう。女性は経済力、男性は容姿を求めてさまよい、望む相手にめぐり会えないのである。

平均年収600万円の適齢男性はわずか3・5%

男性の結婚条件「容姿」は主観の問題である。しかし、女性の結婚条件「経済力」は具体的な話だ。では、女性たちは、結婚相手にどれくらいの収入を望むのだろうか?

これも各種調査によると、最低年収600万円という数字が出ている。どんな調査でも、回答者の5割がここを望んでいる。

ところが、男性の平均年収が600万円を超えるのは、統計を見ると45歳からである(国税

［図表16］年齢別の平均年収

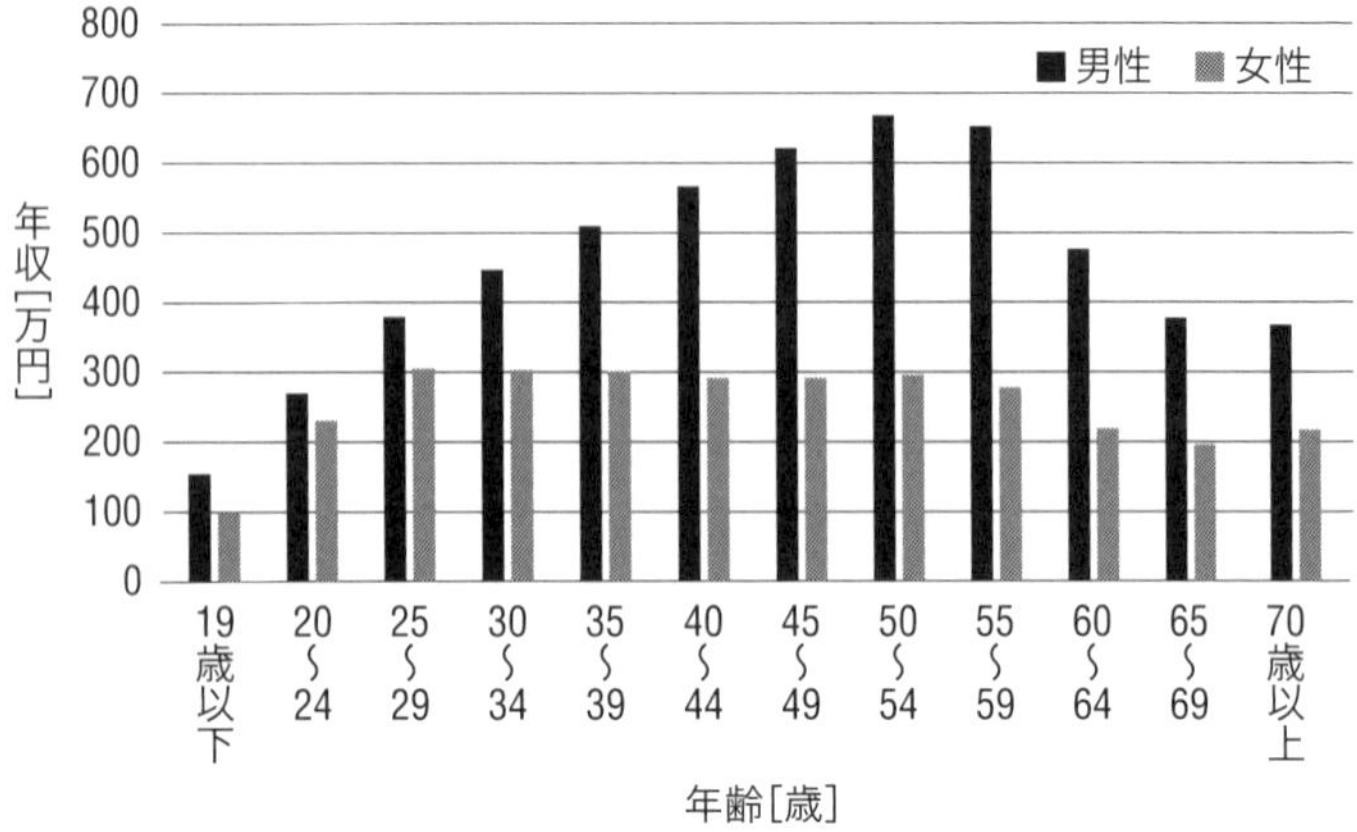

出典：国税庁「民間給与実態統計調査結果」（2015）

庁「民間給与実態統計調査結果」）。

上掲の図表16は、年齢別の平均年収のグラフである。男女とも適齢期の平均年収は、かなり低い。これは、日本の基本的な給料体系が「成果給」ではなく年功序列制度による「年齢給」になっているからだ。つまり、特殊な職業を除いて45歳にならないと、男性は女性が望む年収は得られないのである。

年収とは別に、女性には結婚相手の年齢の希望がある。それは、自分より2、3歳年上が理想で、できれば5歳年上ぐらいまでとなっている。となると、男性の年齢が25～35歳が適当となるが、この年齢で年収600万円をクリアできるのは、平均年収がもっとも高い東京都でも、たった3・5％しかいない。

かつて、この日本がバブル景気で沸いていた頃、女性が望む結婚相手の条件は、「3高」と言われた。「高学歴」「高収入」「高身長」の3点である。それが「失われた30年」を経て、「3平」になった。「平均的な収入」「平均的なルックス」「平穏な性格」の3点である。しかし、「平均的な収入」というのが、前述した年収600万円なのだから、相手探しは困難を極め、男性のほうは女性に相手にされず、その結果「草食男子」になってしまった。草食男子とは主体的になるのではなく、収入が低いため、そうならざるをえないのである。

そんな現実から、女性はじょじょに結婚相手に経済力を求めなくなったのが、最近の傾向である。求めなくなったと言うより、諦めざるをえなくなったと言うべきか。それでも、妻に頼らなくてもいい「生活力」があることが第一とされ、あとは「3温」でいいということになった。「3温」とは、「優しさがある」「愛してくれる」「安心感がある」という「温かさ」3点セットだと言う。

しかし、温かさだけでは結婚生活は続かない。日本の女性は、年々不幸になっている。

マヤカシにすぎない「女性が輝く社会」

世界広しとはいえ、このような過酷な現実のなかで生きている女性は、先進国のなかでは日本以外にはいないだろう。それなのに、安倍首相が「女性が輝く社会」ということを言い出して、女性はますます不幸になることになった。

なぜなら、その政策の中身は、女性の置かれた現実に対する認識が薄く、勘違いが多かったからだ。

たとえば、安倍首相は「２０２０年までに官民の指導的地位に女性が占める割合を30％程度とする」と宣言した。しかし、この目標を達成するためには、まず足元の官庁から始めなければならない。官庁というのは、男性支配社会である。課長クラスから上の役職はほとんど男性で占められている。とすると、こうした男性たちの3割を排除しなければ、女性をその地位に上げることはできない。

そのため、官僚たちの抵抗にあい、この目標はあいまいにされてしまった。官公庁がこれなら、民間がやるわけがない。

もう一つ例を挙げると、安倍首相は「3年抱っこし放題」育休ということを言い出した。これは、従来の育休を延ばして3年間休んでいいというものだった。しかし、女性たちは反発した。多くの働く女性が望んでいたのは、産休&育休明け保育の充実で、3年間も職場を休みたいとは思っていなかったからだ。

いまや多くの女性が働いている。つまり、働く女性の現実を無視して政治はできない。しかし、旧態依然《きゅうたいいぜん》たる男の政治家は、この現実を見ようとしない。いまだに、「専業主婦」を「働く主婦」より上と見ている。女の役割は家庭を守るため、子どもを産むことだと考えている。

しかし、いまの女性たちは、働きたくて働いているのではない。そうでなければ、専業主婦を「勝ち組」とは呼ばないだろう。

専業主婦が「勝ち組」と呼ばれるようになったのは、その数が激減したからである。希少価

［図表17］共働き世帯と専業主婦世帯の推移（1980～2015）

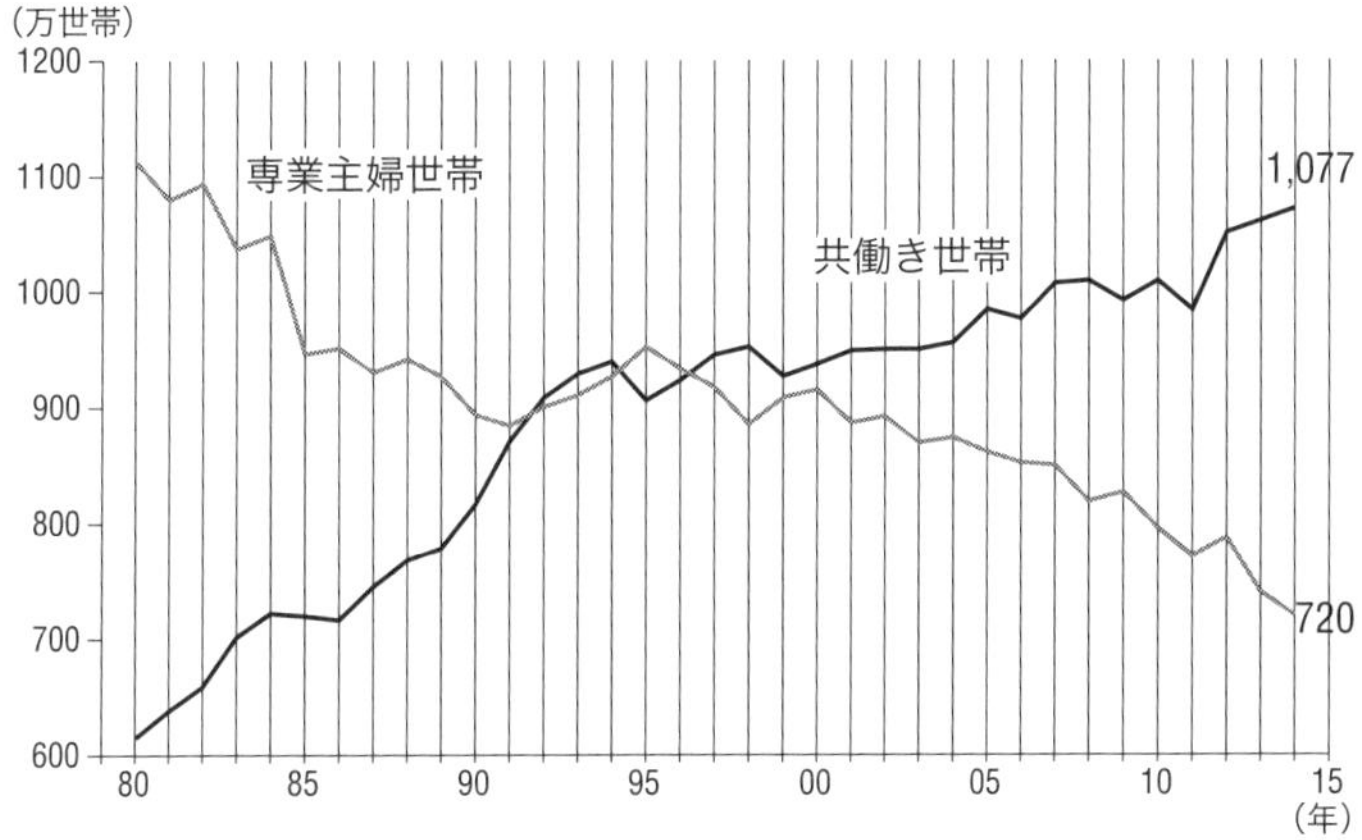

出典：厚生労働省「男女共同参画白書」

値になってしまったからだ。

上掲の図表17は共働き世帯と専業主婦世帯の推移グラフである。これを見れば、１９８０年から２０１５年までの35年間で、両者の数がまったく逆転したことがわかる。

現在、「共働き世帯」（働く主婦のいる世帯）は約１０７７万世帯で、男性雇用者と無職の妻からなる「専業主婦世帯」は約７２０万世帯となっている。つまり、専業主婦は共稼ぎ主婦の約67％しかいないのだ。

なぜ、これほどまでに専業主婦が減ってしまったのだろうか？

その理由として、世界的に男女平等化が進み、女性の社会進出が進んだ結果と、一般的に言われることが多い。しかし、日本の場合はまったく違う。１９９０年から続く経済衰退が原因だ。従来のように男性の稼ぎだけでは家庭を支えられなくなり、女性も働かざるをえなくなったからだ。端的に言うと、女性は無理やり労働市場に引っ張り出されたのである。

それなのに、さらに働かせて、「1億総活躍社会」に参加させようとするのが、「女性が輝く社会」の本当の目的だ。つまり、このままでは女性はますます輝きを失っていく。１６３ページの図表17のグラフをもう1度見てほしい。このグラフをさらに未来に伸ばしていくとどうなるだろうか？

おそらく、あと20年もすれば、専業主婦は絶滅する。そのとき、女性たちは疲弊《ひへい》しきってしまうだろう。

働く女性が報われない「男女賃金格差」

２０１７年版の「男女共同参画白書」（内閣府）によると、２０１６年の女性（15〜64歳）の就業率は66％である。これは、１９６８年の調査開始以来、過去最高の数字だ。しかも、アメリカの64％を上回っている。いまや、全女性の約7割が働いているというわけだ。

しかし、日本の場合、働く女性は報われない。働き方が限られるうえ、賃金も男性に比べて圧倒的に低いからだ。女性の雇用形態の多くが、時間給のパートやアルバイト、あるいは派遣や嘱託などの契約労働である。女性労働者のうち非正規は55・8％を占める。これに対して男性は21・3％である（厚生労働省「平成29年　国民生活基礎調査の概況」など）。

女性の労働に関しては「M字カーブ」ということが、これまでよく言われてきた。これは、女性就業者の年齢をグラフにしてみると、30〜40歳代の部分がぐっと落ち込んでM字状になるからだった。30〜40歳代というのは、女性にとって出産・育児期にあたり、そのときに労働現場から離れることをM字カーブは反映していた。

しかし、最近はこのM字カーブが薄れてきている。つまり、その時期においても、女性は働かなければならなくなったのである。しかも、いったん離職して出産・育児後に復帰した場合、元の職場に復帰できるのは稀で、ほとんどはパートやアルバイトになってしまう。

国税庁の「民間給与実態調査統計（平成28年分）」によると、民間給与所得者の平均年収は約422万円。これを男女別に見ると、男性の約521万円に対し、女性はなんと約280万円である。男性の6割にも達していない。

もともと、女性社員の賃金ベースは男性社員より低く設定されている。労働基準法、男女雇用均等法で「男女差別」は禁止されている。しかし、女性の労働をスキルが低いとみなせば女性差別ではなくなるというマヤカシにより、賃金差別は公然と行われている。

これでは、女性は、社内でキャリアパスを上がれるわけがない。

「ガラスの天井ランキング」は下から2番目

国際会計事務所のグラントソントンによる「女性管理職比率ランキング」（2016年）によると、日本は女性管理職の割合でダントツの最下位である。

以下、ランキングを示すと、トップ5は、1位ロシア47％、2位インドネシア46％、3位エストニア40％、3位ポーランド40％、3位フィリピン40％となっている。これに対してワースト5は、1位日本7％、2位アルゼンチン15％、3位インド17％、4位ドイツ18％、5位ブラジル19％となっている。

世界各国、文化の違いはあるとはいえ、たったの7％では低すぎる。日本企業にイノベーションが起こらず、衰退が続くのは、こうしたことも大きな原因になっているのは間違いない。日本は、女性国会議員数においても、世界で最下位近辺をウロウロしている。列国議会同盟（IPU）の「国会における女性議員の割合」（2018年9月）における下院の比較によると、トップはルワンダの61・3％となっている。

アフリカの小国ルワンダが6割に達しているのはクオータ制によるものだが、日本の割合が9・3％、世界161位というのは、あまりにもひどすぎないだろうか。自然にまかせていても解決しないので、「女性議員増員法」のような法案をつくったほうがいいだろう。

ちなみに、スウェーデン、フィンランドなどの北欧諸国は40％を超え、フランスは約40％、オランダは36％、イギリスやカナダなどは約30％、中国でも25％はある。女性議員数が少ないと批判されるアメリカでも約20％となっている。日本は、アメリカの半分にも満たない。

こうしてみると、日本には世界各国で終わろうとしている、女性の社会進出を妨げる見えない障壁「ガラスの天井」（glass ceiling）が、いまも厳然と存在しているのがわかる。

「エコノミスト」誌の「ガラスの天井ランキング」（2017年、世界29ヵ国）によると、日本はなんと28位である。ちなみに、トップ10は、1位アイスランド、2位スウェーデン、3位ノルウェー、4位フィンランド、5位ポーランド、6位フランス、7位デンマーク、8位ベルギー、9位ハンガリー、10位カナダとなっている。なお、最下位の29位は韓国だ。

また、「世界経済フォーラム」（2017年11月公表）の、「ジェンダー・ギャップ（男女格差）国別ランキング」によると、日本は144ヵ国中114位である。おまけに日本は毎年、過去最低順位を更新している。ちなみに、1位はアイスランド、2位はノルウェー、3位はフィンランドと上位はみな北欧勢である。その一方で、日本と同じような下位には、134位エジプト、138位サウジアラビアなどのアフリカや中東諸国が並ぶ。日本社会は、どちらかと言えば、こちらに近いのだ。ちなみに、アジアのトップは10位のフィリピンである。

北欧諸国にしてもフィリピンにしても、たしかに女性たちは日本より生き生きしている。このままでいけば、日本の女性は2020年代半ばには、働かされ続けたあげく、疲れきって年老いていくだけになる。生き生きした人生など、完全な夢物語になる。

全女性のうち、結婚できるのは5人に4人。そのうち専業主婦になれるのはたった1割。残りの9割は、働く主婦として日夜働き続ける。

これだけでも残酷なのに、結婚相手にめぐり会えず生涯独身となる女性は、5人に1人を数え、結婚難民は増え続けるだけになるだろう。

2027年

ついに開通もリニア新幹線に乗客なし

東京（品川）－名古屋間を40分で結ぶという「リニア中央新幹線」は、予定どおりなら2027年に開業する。そうなれば、莫大な経済効果が見込めると言われているが、これはただの“皮算用”にすぎない。実際には、赤字を垂れ流す、“無用の長物”となる可能性が高い。

東京―名古屋間40分で起こる「経済効果」

最高時速500キロで疾走《しっそう》する次世代の〝夢の超特急〟リニア中央新幹線。2027年の開業を目指して、現在、東京（品川）―名古屋間で工事が進んでいる。「夢から現実へ」というキャッチフレーズで2014年12月に着工され、10年以上の歳月をかけて完成すると、東京―名古屋は40分で結ばれる。さらに、2045年には大阪まで延びる予定で、そのときは東京から大阪へ67分で行けるという。

しかし、21世紀のこの時代、このような〝ただ速く都市間を結ぶ〟という超高速鉄道が必要だろうか？

リニア中央新幹線のホームページを開くと、トップに「経済効果」として次のようなことが述べられている。

《リニア中央新幹線の実現は、企業の生産活動や世帯の所得・消費活動に影響を与え、大きな経済効果をもたらします。

交通政策審議会における分析によれば、利用者の所要時間短縮などの利便性向上等を貨幣換算した「便益」は、東京―大阪間の開業時点において1年あたり7100億円と推計されています。

また、移動時間が短縮され、出張等が効率化し生産コストが低下することで、世帯の消費や旅行関連財の消費が拡大することなどにより、全国で生産額が８７００億円増加すると推計されています。》

経済効果に関しては別の試算もある。一例を挙げると、２０１８年４月に中部圏社会経済研究所（名古屋市）が発表した金額は、開通後10年間で計14兆８２０４億円だった。１年あたり約１・５兆円である。このうち中部圏（東海、北陸地方など９県）は７兆４６１億円で、東京など全国への波及効果も大きいとしている。

いずれにせよ、リニア新幹線は大きな経済効果が見込める。必ず日本経済を活性化してくれる。だから、つくるということになったのである。もう一つ、これまでリニアを何十年にわたって研究開発してきたＪＲの悲願だったということも大きく影響した。結局、これが国を動かし、安倍政権は国債発行によって資金援助をすることを決めたからだ。

国の資金援助により建設が具体化すると、停車駅ができる自治体では、経済効果をあてにした年整備計画が次々と決まった。まるで、東海道新幹線ができた当時の高度成長時代に戻ったような雰囲気になった。

沿線駅の自治体で始まった都市整備計画

品川駅を出たリニア新幹線が最初に停まる駅（仮称、神奈川駅）は、神奈川県相模原《さがみはら》市の橋本駅にできる。これが決まってから、神奈川県と相模原市は、さっそく、経済効果をはじいた。

神奈川県では、県内への建設投資額を約８４００億円と見込み、それによって、東京―名古屋間に続いて東京―大阪間が開通し、新駅に1時間に5本が停車する場合、企業などが集積することで県内の従業員数はリニア開通前よりも約1万２０００人増加し、生産額も年間約３２００億円増えると試算した。さらに、観光の面でも好影響が出るとし、年間約１１５万人の観光客増と、それに伴い約１２０億円もの経済効果が生じるとした。

これを受けて、相模原市では、橋本駅周辺の整備計画をまとめた。それによると、駅の南口地区を「広域交流」「複合都市機能」「ものづくり産業交流」の三つにゾーニングし、そこに商業施設、イベント施設、オフィスなどを誘致する。さらに、駅周辺を「産業の活力と賑《にぎ》わいがあふれる交流拠点」として、鉄道や道路によって首都圏の各方面にアクセスが可能な交通ネットワークを生かし、交流ゲートとしてのまちづくりを進めていくという。

また、橋本駅周辺は「さがみはら産業創造センター」という起業支援施設があるので、さらにスタートアップの集積をはかるという。

しかし、ここで素朴な疑問がある。

［図表18］リニア中央新幹線のルート

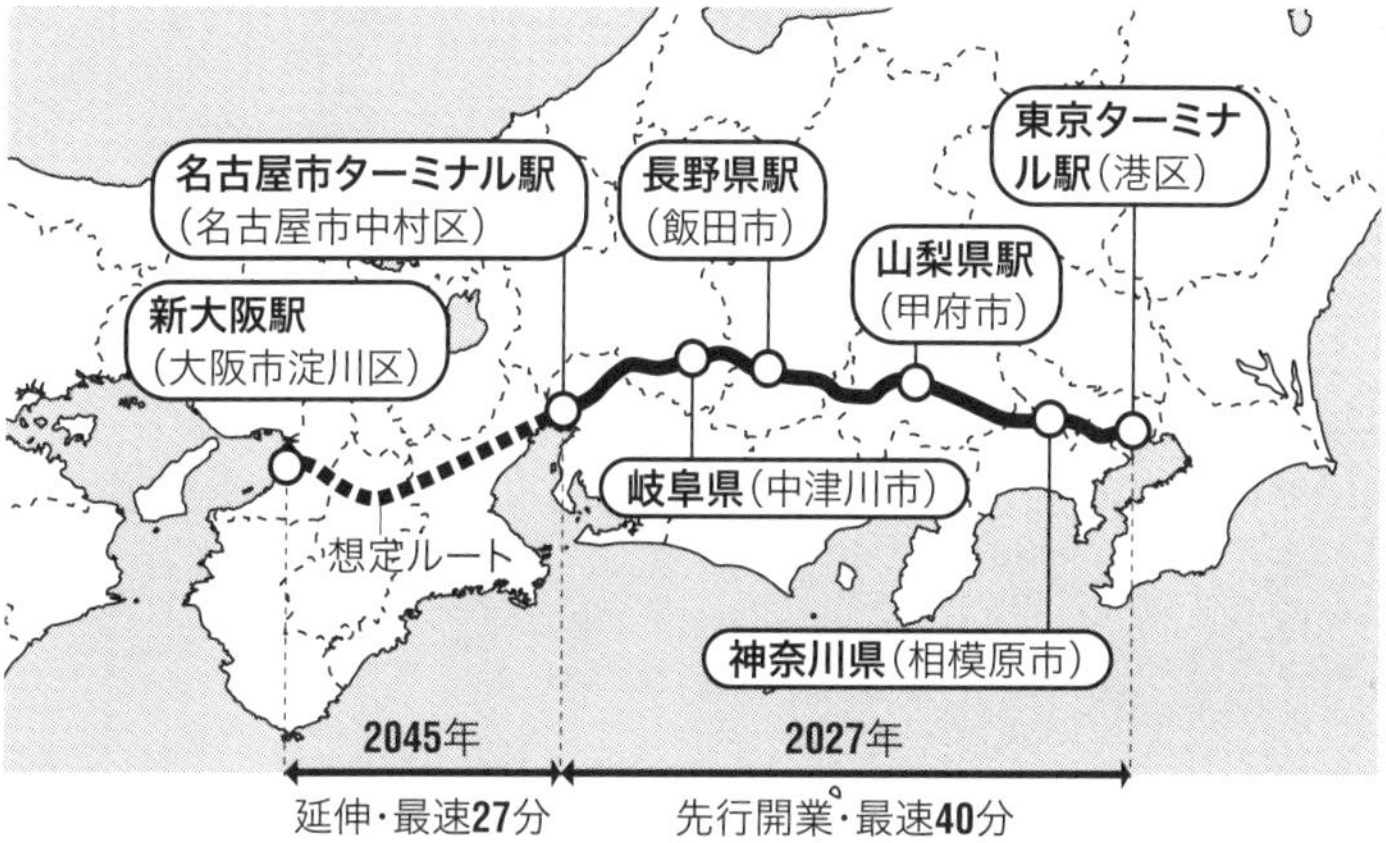

参照：JR 東海「リニア中央新幹線」

まず、品川から橋本駅までは約38キロで、リニアだとたった11分で着く。圧倒的に都心から近くはなるが、単に相模原に行くだけのためにリニアを使う乗客はどれほどいるだろうか？

また、リニアの本数は１時間に５本程度と発表されたが、そのうちの何本が停車するのだろうか？　さらに、橋本駅から名古屋に行くために、はたしてどれくらいの乗客が乗り込むだろうか？

すべては、蓋《ふた》を開けてみないとわからない。

リニアの経済効果を見込んで、都市の整備計画を進めているのは、相模原市だけではない。上掲の図表18のリニア中央新幹線のルート図にあるように、新駅ができる自治体ではどこも整備計画を進めている。山梨県甲府市、長野県飯田市、岐阜県中津川市でも、２０２７年を目指して、さまざまな計画が動き出している。

甲府市の場合、２０１７年３月に「甲府市リニア活用基本構想」を策定した。この構想では、企業誘致やインバウンドの集客のほか、品川まで25分で結ばれるということから、東京からの移住者、定住者を大幅に受け入れる政策を打ち出している。リニアが人口減を救い、「まちおこし」をしてくれるというわけだ。

完成したときの人口は約3000万人減

たしかに新幹線は大きな経済効果をもたらす。1964年、東京オリンピックの年に開通した東海道新幹線は、日本経済をさらに活性化し、国民に〝明日への希望〟を運んできた。

しかし、当時は人口増社会であり、経済成長とともに人間の迅速な移動が必要だった。しかし、いまや人口減社会となり、経済もネットによって大きく変わった。ネットによってヒトが移動しなくとも、情報やサービスは即座に伝達できる。そんな時代になった。

そもそも人口減社会を考えると、乗客そのものは増えない。毎年約30万人ずつ減っている現状があり、高齢化が進むのだから、乗客は人口減以上に減っていく。すでに、現役世代とされる生産年齢人口は大幅に減っている。

政府は「1億人維持」を打ち出しているが、国立社会保障・人口問題研究所等の試算では、リニア新幹線が大阪まで延びる2045年には、日本の人口は確実に1億人を割り込んでいる。つまり、現時点から、約3000万人も減ってしまう。名古屋開通の2027年でも、1000万人近く減る。というのは、試算では2030年の日本の人口は1億1912万人となっているからだ。

このようなことを見込んで、すでに東京や大阪の首都圏の私鉄各社は運行スケジュールや駅数減の検討に入っている。東京に通う通勤者の数は、もう10年以上前から減り続けている。大阪の人口は２０２５年までに５％減、東京の人口は２０２０年にピークを迎え２０２７年までに激減する。となると、２０２７年の東京―名古屋開業時に、どれだけの乗客が確保できるだろうか。

仮に観光立国政策が大成功して、外国人観光客が押し寄せる国になっていれば、乗客は確保できるだろう。しかし、そうなると、リニア新幹線の車内は中国人だらけになってしまう。

経済効果には「負の波及効果」もある

最近は何かイベントがあると、すぐに経済効果はどれくらいあるかということが言われる。しかし、その数字が何を表しているのかは、ほとんど説明されない。

リニア新幹線のケースも、試算どおりの経済効果があるかどうかは、まったくわからない。なぜなら、経済効果の選出のベースとなるのが「産業連関表」だが、これの各項目に入力するデータによって結果はまったく違ったものになるからだ。「産業連関表」は国全体を対象にしたものが総務省を中心にしてつくられ、各都道府県や政令指定都市でも作成されている。これには、各産業や消費者の間でモノやサービスがどのように生産・販売されたのかがまとめられている。つまり、この項目ごとにデータを入れていけば、あとは自動的に数字が出てくるわけだ。

しかし、その数字自体がどうしてもたらされるかに関しては問われない。たとえば、ドラマや映画などの影響で、ある観光地に飛躍的に観光客が増えたとすると、その経済効果をもたらしたのは、別の観光地かもしれない。なぜなら、その観光地に行った人たちは、ブームがなければ別の観光地に行ったかもしれないからである。つまり、経済効果には「負の波及効果」もある。

たとえば新幹線で言うと、2015年に開業した北陸新幹線は、開業前に経済効果は125億円と試算された。ところが、実際には678億円となり、予想の5倍以上だったことがあとから公表された。石川県外からの観光客数も、当初は32万人増と予想されたが、蓋を開けてみると258万人増となり、予想の8倍以上になった。

しかし、これを手放しで喜べるだろうか？ 経済効果はあくまで石川県中心の経済圏のなかの話であり、それ以外の地域でどうなったかは考慮されないからだ。

たしかに古都・金沢は活況を呈《てい》した。しかし、金沢を訪れておカネを落とした人々は、金沢に行かなければ別の場所でそのおカネを使ったかもしれないのだ。つまり、本当に経済効果を考えるなら、日本全体の経済、GDPに照らして考えなければいけない。

仮に日本全体の経済がイーブンなら、その地域だけが潤《うるお》ったにすぎないという話になる。

さらにここで、もう一つ考えなければいけないのは、「ストロー効果」という問題だ。これは、新幹線や高速道路などができると、それまで地域の拠点となっていた都市が大都市の経済圏に取り込まれてしまうことを言う。つまり、ストローが水を吸い上げるように、地域の拠点都市のヒト・モノ・カネが大都市のほうに行ってしまうのだ。

人口減社会では、とくにこの現象が顕著になる。

たとえば、東北新幹線によって、東北地方は何が起こっただろうか？　当初は観光客が増加したが、それが落ち着くとストロー効果によって、仙台、盛岡、八戸、青森などの都市は精彩を失っていった。これらの都市のどこも人口は増えていない。飲食街も盛況を失った。

簡単な話、同じ高級イタリアンを食べるなら、富裕層ならすぐ行けるようになった東京の有名レストランに行ってしまうからだ。

これを考えると、リニア新幹線ができると、名古屋は東京の一部になるのは確実だ。名古屋に行くのが、都内のどこかに地下鉄で行くのと同じになるのだから、企業の名古屋支社、名古屋営業所はいらなくなるだろう。名古屋の飲食店も多くが潰れるかもしれない。

全体の86％が地下やトンネルという超難工事

経済効果の話はここまでとして、もっと問題なのは、建設が始まってからも言われ続けている技術的な問題だ。はたして、工事はうまくいくのかと、多くの関係者が懸念している。

リニア新幹線は、都心部や日本アルプスを含む山間部を走るため、全体の86％に当たる24

6キロが地下やトンネルとなる。日本列島の中央部を巨大な地下トンネルが貫く。リニアと言っても、超高速地下鉄というイメージである。

また、始発駅となるリニア東京駅（品川）は、東海道新幹線・品川駅の真下約40メートルに建設され、長さ1キロ、横幅60メートルの巨大な地下空間にホームが二つ設置される。

この超深度の地下駅に関しては、技術的な問題はさることながら、「そんな地下深い駅だと在来線からの乗り換えに時間がかかりすぎる」という批判が出ていた。たしかに在来線との乗り換えに時間がかかれば、時間短縮の意味がなくなる。

いずれにしても、工事は始まり、案の定、いくつかの懸念が指摘されるようになった。そのうち最大の懸念が、竣工がもっとも遅くなる「南アルプストンネル」（静岡工区および長野工区）である。この竣工は2026年11月、なんと開業予定のわずか1年前とされ、こうせざるをえなかった超がつく難工事が想定されたからだ。

この工事は、土被り（地表からトンネルまでの距離）が最大で1400メートルとされ、ゼネコン関係者は「これは、前人未到領域で、掘ってみなければ何が出てくるかわからない」と言うのだ。

一般的に土被りが深いほど、工事は難航するという。事前のボーリング調査でも地中の状態が正確に把握できないうえ、掘削機が圧力に負けて動かなくなったり、地下水が噴出したり、コンクリートが地圧に負けてヒビが入ったりするアクシデントが起こる。2005年の愛知万博に間に合うようにと工事が行われた東海北陸自動車道の「飛騨《ひだ》トンネル」では、このようなアクシデントが次々に発生し、実際に竣工したのは万博から3年後の2008年だった。

その教訓から、南アルプストンネルでは、初めからダイナマイトによる爆破工法が取られることになった。しかしそれでも、「こればかりはやってみないとわからない」と、ゼネコン関係者は言う。

さらに、トンネルが無事できても、トンネル内にリニアの線路とされる「ガイドウェイ」を敷設しなければならない。そうしたうえで初めてリニアを走らせ、試運転を繰り返さなければならない。「その期間が1年では短すぎる」と、ゼネコン関係者は続ける。

実際、2016年3月に開業した北海道新幹線の新青森―新函館北斗間では、1年以上前の2014年12月から試運転を行っている。安全性を考えれば、試運転期間は最低でも1年間は必要とされるのだ。

リニアは「絶対ペイしない」ことは当初から明らか

工事が難航すればするほど、建設のためのコストはかさむ。それも含めて、リニア新幹線は、はたしてコスト的にペイするようなものなのだろうか？

建設決定前から指摘されてきたのが、リニアの電力消費は既存の新幹線の3～5倍もかかるということだった。これだけでもコスト的に見合わないと、〝新幹線の父〟とも呼ばれた故・島秀雄《しまひでお》氏（東海道新幹線開発当時の国鉄技師長）は、早くから指摘していた。

しかし、このような指摘は、JR内および政府内ではタブーとされ、慎重論、懐疑論は押さえつけられてきた。そんななかで、経済誌の「週刊東洋経済」は、ほぼ一誌だけ批判記事をたびたび掲載してきた。その一つ「リニアより最新の新幹線を」（2014年5月31日号）のなかで、橋山禮治郎《はしやまれいじろう》千葉商科大学大学院客員教授は、次のような指摘をしている。

「将来の大幅な人口減少も考慮せず、〝あるはず〟の需要を想定し、その需要の6割は東海道新幹線からの転移客を見込む」

「その分だけ、ドル箱の東海道新幹線が大幅減収減益となるが、それでもリニアを含め、東京―大阪間の移動総需要は大幅に増加する前提で収益計画を考えている」

「収支は東京―名古屋間開業当初から、大幅な赤字操業が避けられない」

じつは、2013年9月に、JR東海の山田佳臣《やまだよしおみ》社長（当時）自身が記者会見で「リニアは絶対ペイしない」と口を滑《すべ》らせ、波紋が広がったことがあった。

しかし、安倍首相は再就任を果たすと、自民党が野党時代から提唱してきた「国土強靭《きょうじん》化計画」の推進をアベノミクスに取り込み、公共事業予算を拡大した。その目玉としてリニア新幹線は格好の事業であり、かつての〝土建国家〟の夢をもう1度叶えるものだった。

安倍首相は2013年2月の訪米時に、オバマ大統領に「リニアを日米協力の象徴としたい」と語り、第1弾をワシントン―ボルチモア間にと提案している。また、山梨県の実験線に、キャロライン・ケネディ大使（当時）を招待し、試乗した大使から「乗り心地は非常によかった」という言葉を引き出している。こうなると、もう後には引けなかったと言えるだろう。

そうして迎えたのが、２０１４年10月1日の「東海道新幹線開業50周年」だった。この日に合わせたようにリニア新幹線の着工は発表され、その運賃は従来の新幹線の運賃に「＋７００円」（名古屋間）、「＋１０００円」（大阪間）となるとされた。

しかし、コストを考えたら、こんな運賃では永遠に赤字を垂れ流すだけになるだろう。

システムが違う鉄道が三つできるだけ

そもそも日本のリニアには、「設計思想」というものがなかった。技術を追求しただけで、「鉄道屋の自己満足にすぎない」という声が強かった。

というのは、リニアは在来の鉄道とはまったく違うシステムであり、その目的は単に速くて時間が短縮できるということだけだったからだ。

このことは、同じようにリニア開発を進めてきたドイツと比較するとはっきりする。鉄道技術に詳しい関係者に話を聞くと、次のような答えが返ってきた。

「理想的な鉄道というのは、相互に乗り入れができることです。日本の新幹線は当初それを無視してつくったため、在来線とはまったく別のものになり、全国に新幹線網を張り巡《めぐ》らすことになって、最終的に莫大な投資が必要になりました。その反省から、苦労の末、新幹線も一部の在来線との相互乗り入れができるように改造してきました。

ところが、この教訓がリニアにはまったく活かされていません。これでリニアができるとなると、日本には異なった鉄道システムが三つもできることになります。

この点、ドイツでは初めから相互乗り入れを考えて、リニア開発を進めてきたのです」

ドイツでは、リニアを単なる高速鉄道ではなく、高速の在来線、飛行機といった、国土全体を結ぶ「高速交通網」の一環として考えて設計してきたという。これは、たとえば、フランスの新幹線と言われる「TGV」が1990年代に直線の走行実験で時速530キロをマークしたりしたため、単に「より速く」という思想から抜け出したためだという。

「ところが日本のリニアは技術者の理想ばかり追い求め、より速く走るために、ほとんど直線の専用線で実験を重ねてきました。そのため、仮に在来線をリニアにしようとすると、もはや現在の車体設計ではカーブがきつく曲がれないのです。

また、リニアで名古屋や大阪に行く、あるいは東京に来るとしても、在来線との接続の効率が悪ければ、最終的な目的地に着くのに時間がかかってしまいます。

つまり、現状の日本のリニアは、それを利用する側、つまり乗客側から見た場合の設計思想に欠けているのです。ですから、完成したとしても、〝宝の持ち腐れ〟〝無用の長物《ちょうぶつ》〟になるのは間違いないでしょう」

2028年

大学は潰れ、卒業しても職なし借金まみれ

2028年を待たずとも、すでに日本の教育は崩壊している。小中学校は閉校・統廃合が進み、定員割れの大学は倒産に追い込まれるようになった。少子化が止まらない以上、この流れは加速化する。

その一方で、テクノロジーの急速な発展とグローバル化により、これまでの日本の教育はまったく通用しなくなった。そのため、教育改革、受験改革が始まったが、はたして期待される成果が上がるだろうか？

２０１８年を境に大学は次々に潰れていく

教育の崩壊は、「２０１８年問題」として、かなり以前から指摘されてきた。具体的には、２０１８年を契機に、受験年齢の18歳人口が本格的に減少に転ずるため、資金繰りが苦しくなった大学から次々に潰れていく。つまり、大学は少子化の影響をモロに受けるということだった。

18歳人口は、「団塊の世代」が18歳を迎えた１９６６年がピークで約２４９万人だった。その後、増減はあったものの２００万人以上をキープし、「団塊ジュニア」の多くが18歳を迎えた１９９２年の約２０５万人から減り始めた。そうして、２０１０年代になると１２０万人を割り込み、ついにピーク時の半分になってしまった。

ところが、この間、大学の数は増える一方だった。とくに4年制の私立大学は増え続けた。進学率が上昇していたから、４年制にすれば志願者が集まると当て込み、短期大学からの転換が相次いだのだ。しかし２０１０年頃から、経営悪化から学生募集を停止する私立大学が出始め、「２０１８年問題」が顕在化した。

私立大で入学定員充足率が１００％以上の学校数の割合は、１９９０年代は9割以上だったが、２０１７年は6割を切り、入学者数が定員の半数に満たない大学も十数校に及んでいる。となると、この動きは今後加速するのは間違いない。

18歳人口は2018年の約118万人を境にその後6年間減り続け、2024年度は約106万人になる。その後、微増はあるが2028年度を境にまた減少に転じる。そうして2031年度には、ついに100万人を割って99万人となる。この人口減少が大学を倒産に追い込み、その流れは地方から始まって、やがて首都圏に及ぶ。

文部科学省（以降「文科省」）の「大学への進学者の将来推計について」（2018年）という調査によると、2040年度には、東京以外の道府県にある大学への進学者数は現在の47・7万人から26・3万人へと減少する。となると、単純に地方大学の半数が潰れる計算になる。

現在、人口の東京一極集中が続いていて、大学生の総数約256万人のうちの4割が首都圏の大学に在籍している。しかし、東京の人口増もあと数年でストップすると予測されている。都下では2020年から人口減が始まり、23区は2025年の979万人をピークに減少するという。

となると、首都圏の下位校から危機に陥り、危機は中堅校から上位校へと広がっていく。受験生の動向に詳しい予備校関係者によると、「日東駒専はもとより、MARCH、早慶もこのままでは、どうなるかわかりませんよ」と言う。そのため、各校ではAO入試や推薦入試を採用したりすることで、受験生集めに躍起《やっき》になっている。これは限られたパイの争奪戦だから、大学全体としての受験難易度（偏差値）の低下を招き、日本の大学教育の質を落とすことにもなる。

加計学園はいつまで持つのだろうか？

大学の危機を象徴しているのが、「モリカケ問題」として騒がれた加計《かけ》学園である。実際問題として、大学が大倒産時代を迎えているときになぜ新設大学ができるのか、そのこと自体が不思議である。

メディアが大騒ぎするなか、加計学園が経営する岡山理科大学獣医学部（愛媛県今治《いまばり》市）は、2018年4月に開講した。しかし、定員200名に対し、新入生は186名と定員割れ。入学式で加計孝太郎理事長は「世界に冠たる獣医学部に高めたい」などと述べたが、学園の舞台裏は〝火の車〟である。実際、獣医学部開講は、3年間にわたって愛媛県と今治市から支払われる計93億円の補助金がなければできるはずがなかった。

この開講から3ヵ月後、2018年7月に文科省は、全国約660の学校法人に「学校法人運営調査における経営指導の充実について」という通達を出した。

これは各私立大学の経営力を強化するために、経営指導を充実していく方針を示した文書で、経営が悪化している大学については〝きめ細かい指導〟を実施することが述べられていた。

具体的には、貸借対照表の運用資産（現預金など）が、外部負債（借入金や未払金など）を下回っているかどうか、さらに、事業活動収支計算書の「経常収支差額」が3年連続でマイナスになっているかどうかをチェックするとしていた。ここでいう「経常収支差額」は、企業でいえば収益であり、これが3年間マイナスなら運営に問題があることになる。その場合、経営の改善が勧告され、改善が見られない場合は、〝きめ細かい指導〟として、学生募集の停止や法人の解散を促《うなが》すことになる。

とすると、加計学園がこれに該当してしまう可能性は十分にある。

加計学園グループは、岡山理大以外にも、倉敷《くらしき》芸術科学大学（岡山県倉敷市）や千葉科学大学（千葉県銚子市《ちょうしし》）など複数の学校を運営しているが、なんといっても収入の柱は岡山理大である。ところが岡山理大は、2018年度予算の経常収支差額が約10億円のマイナス。さらに、倉敷芸術科学大や千葉科学大の経常収支差額も数億円単位のマイナスなのである。

このため、ネットには経営危機を指摘する「このままでは危ない」という声があふれ、その後、獣医学部の図書館の蔵書がスカスカだったことが判明すると、「そんな予算もないのか」と書かれることになった。

すでにネットでは、「倒産を噂される大学」のリストが出回り、『大学大倒産時代』（朝日新書、木村誠、2017）、『危ない大学・消える大学　2019年版』（エール出版社、島野清志、2018）などという本も出版されている。

倒産予備軍大学の名は世間に広まり、志望学生も減っている。

将来人材をつくれないままランキング低下

もともと日本は大学の数が多すぎた。

そのためもあって、2009年頃に「大学全入時代」を迎えた。大学の募集定員数を入学希望者数が下回ってしまったのだ。したがって、大学数が減ることは、経済原則から見て当たり前であり、大問題とは言えない。

しかし、大学の教育内容が劣化し、時代から大きく取り残されるようになったことは、看過《かんか》できない問題だ。

以前から、日本の大学は「レジャーランド」と称されたように、学生たちが勉強する場ではなかった。これは、ほとんど勉強しなくとも卒業できたからであり、就職に際して企業が専門性を問わず、「新卒一括採用」を続けてきたからだ。

しかし、グローバル化が進み、ITが社会生活に必要不可欠になってくると、大学ばかりか、初等・中等教育も含めた教育内容全般が、将来人材を育てられなくなってしまった。いまだに教育といえば知識偏重で、「詰め込み・暗記」が中心。偏差値に基づいた受験競争も続いている。

そんななか、心配なのが、日本の大学が世界の大学ランキングで大きく順位を落とし、その下落が止まらないことだ。

［図表19］THE世界大学ランキング2019

世界ランキングトップ10

順位	大学名（国）
1	オックスフォード大（英国）
2	ケンブリッジ大（英国）
3	スタンフォード大（米国）
4	マサチューセッツ工科大（米国）
5	カリフォルニア工科大（米国）
6	ハーバード大（米国）
7	プリンストン大（米国）
8	イエール大（米国）
9	インペリアル・カレッジ・ロンドン（英国）
10	シカゴ大（米国）

ランクインした日本の大学

順位	大学名
42	東京大
65	京都大
201-300	大阪大、東北大、東京工業大
301-350	名古屋大
401-500	北海道大、九州大、帝京大、東京医科歯科大、首都大学東京、筑波大
601-800	広島大、順天堂大、慶応義塾大、近畿大、神戸大、日本医科大、立教大、会津大、早稲田大、横浜市立大

出典：Times Higher Education (THE)

［図表20］THEアジア大学ランキング2019トップ20

順位	大学名（国）
1	清華大学（中国）
2	シンガポール国立大学（シンガポール）
3	北京大学（中国）
4	香港大学（香港）
5	東京大学（日本）
6	香港科技大学（香港）
7	南洋理工大学（シンガポール）
8	香港中文大学（香港）
9	ソウル大学（韓国）
10	京都大学（日本）

順位	大学名
11	成均館大学（韓国）
12	中国科学技術大学（中国）
13	浙江大学（中国）
14	韓国科学技術院（韓国）
15	復旦大学（中国）
16	香港城市大学（香港）
17	南京大学（中国）
18	浦項工業大学（韓国）
19	台湾国立大学（台湾）
20	香港理工大学（香港）

出典：Times Higher Education（THE）

前掲の図表19（189ページ）は、教育関係者がもっとも重視する英「Times Higher Education」誌（THE）の2019年度版による「世界大学ランキングトップ10」と、ランクインした日本の大学をまとめたものだ。また、図表20（189ページ）は、同じくTHEによる「アジア大学ランキング」である。

この二つの図表から言えるのは、日本の大学の評価が、グローバルではあまりに低いことだ。日本でトップの東京大学は世界では42位、アジアでもやっと5位という状況で、2番手の京都大学は世界で65位、アジアでは10位である。しかもランキングは毎年下がり続けていて、この2校以外は200位以下に低迷している。

深刻なのは、アジアにおいて、中国、香港、韓国、シンガポール勢に大きくビハインドしていること。これは、いくらグローバル化しようと、アジアからもいい留学生を集められないことを意味している。

アクティブラーニングと2020入試改革

いまや小中高生はみなデジタルネイティブである。それなのに、いまだに黒板と白墨で授業を行っている学校がある。それも、教師が一方的に話し、生徒がひたすらノートを取る。そうして、受験競争に打ち勝ち、入ってみた大学は、日本では名門でも世界ランキングから言えば下位ランク大学。これでは、子どもの将来はない。

そう思って、早くから海外留学する家族が増えた。私はここ10年あまり、欧米圏への「子連れ留学」やマレーシア、フィリピンなどのアジア圏への「母子留学」を取材してきた。また、高校まで日本でも、大学は欧米大学を目指す子どもたちとその家族も取材した。

彼らの願いは、主に三つである。一つ目は、世界共通語の英語が話せるようになること。二つ目は、プログラム言語などのITC教育をしてもらうこと。そして三つ目が、将来、グローバルに活躍できる人間に育ってほしいことだ。

このすべてに、日本の教育は遅れている。日本の教育を受けると、人と同じことをする人間になるだけだと彼らは思っている。これは命令で動くロボットになることと同じだから、いずれ本物のロボットに置き換わる。また、いくら知識を仕入れても、グーグルには勝てない。

そんなこともあってか、文科省はこれまでの教育を見直し、2020年度から「学習指導要領」が一新されることになった。

その柱となるのが「アクティブラーニング」という学習方法である。これは「主体的学習」とされ、対話形式で行うと説明された。つまり、これまでの教師から子どもへの一方的な授業をやめ、相互に意思疎通をはかりながら学んでいく。そうして、考える力を伸ばしていくというのだ。

さらに、文科省は2020年度から大学入試を大幅に改革することを発表した。

その骨子は、「センター試験」を2020年1月でやめ、2021年からは「大学入学共通テスト」（以降「共通テスト」）に切り替える。「共通テスト」は順次、新しい学習指導要領の内容に合わせて変えていくということだった。

なぜ、センター試験をやめることにしたのだろうか？

それは、これまでの選択式の問題、○×式の問題を減らし、アクティブラーニングの成果を問う記述式問題を導入するためである。また、グローバル化に合わせた英語力の強化のためでもある。そのため、「共通テスト」では、英語の４技能テスト（読む・聞く・話す・書く）が実施されることになった。

共通テストの英語が「TOEFL」になる

「アクティブラーニング」と「共通テスト」が目指すのが、〝グローバル人材〟の養成だ。いつからだろう、〝グローバル人材〟という言葉が、呪文《じゅもん》のように唱えられるようになった。しかし、そうは言われても〝グローバル人材〟が何かはよくわからない。

ただ、日本の場合、これはほとんど「英語を話せる人」を指すことになった。中学・高校と英語を学んでも話せないという劣等感の裏返しだからだ。

したがって、「共通テスト」の最大の眼目は英語４技能テストのうちの「話す」である。

しかし、日本には英語の「話す」のテストをつくれる人材も、テストを評価できる人材もいないし、そのノウハウもない。

そこで、２０２０年度（２０２１年実施）から２０２３年度（２０２４年実施）までは大学入試センターがつくるテストと、民間の資格・検定試験の両方が用意され、各大学はいずれかまたは双方を利用できることになった。こうして7団体24の資格・検定試験が認定されたが、このうちもっとも選択されると思われるのが、「TOEFL」（トーフル）である。

TOEFLは、アメリカの教育NPO「ETS」（Educational Testing Service）が主催している試験で、英語を外国語とする学生の英語能力を見るものだ。一般的にアメリカの大学に留学する際に必要とされる試験で、インターネットをベースに実施され、これを「TOEFL iBT」と呼んでいる。試験科目は「Reading」「Listening」「Writing」「Speaking」の4科目なので、文科省が目指す「読む・聞く・話す・書く」の4技能と一致する。

しかし、この「TOEFL iBT」が選択されたとしても、文科省の期待どおりにはならないのではと、私は考えている。

なぜそう考えるのだろうか？

日本の大学のレベルの低さがバレバレになる

ここでまず、頭に入れていただきたいのは、「TOEFL iBT」のフルマーク（満点）が120点ということだ。これを基に、次の4点の問題を考えてほしい。

(1) 評価基準の問題

文科省が現時点で言っている「TOEFL iBT」のスコアの高校修了要件は、45点以上である。とすれば、120点満点のうちの45点、パーセントだと38％以上を取れば合格（高校卒業）ということになる。しかし、こんな低いスコアでいいのだろうか？

いくら日本人のスコアが低いとはいえ、これまで「TOEFL iBT」を受けた学生の平均スコアは70点前後である。ちなみに、世界平均は80点前後で、中国人は100点前後だ。

(2) 学習指導内容の問題

文科省の現在の学習指導要領では、中学・高校合わせて3000語の英単語数が設定されている。一方、「TOEFL iBT」の試験で必要な英単語数は約6100語とされている。また、難関大の英語入試でも5000〜6000語が必要とされている。この約2倍のギャップをどうやって埋めていくのだろうか？「TOEFL iBT」のスコア90ラインは、1万2000語が目安とされるので、現状の中学・高校の英語教育ではまったく対応できない。

(3) 教える側、教師の問題

「読む・聞く・話す・書く」の4技能を伸ばすことはいいことだが、それをキチンと教えられる教師がどれほどいるだろうか？ 日本人の英語教師の多くが英語を話せない。

現状では、たとえば高校の英語教師に「TOEFL iBT」を受けさせたら、スコア100を超える教師はほとんどいないだろう。となると、生徒より先に教師から教育しなければならない。としても、その教育は誰がやるのだろうか？

(4) 大学のランキングが崩壊する問題

これが、「TOEFL iBT」導入の最大の問題点である。このままではほとんどの受験生は低いスコアしか取れないので、難関大では「TOEFL iBT」を足切りスコアに使えなくなる、もし、スコアを低く設定すれば、そのスコアが世界の大学と比べられてしまう。

世界最難関のアメリカのアイビーリーグでは、少なくとも110は要求される。となると、日本最難関の東京大学のスコアはいくつに設定すべきだろうか？　70、80では、アメリカの州立大学にすら入れないレベルである。つまり、日本の名門大学、難関大学は、「名門」でも「難関」でもなくなってしまう。

現在、日本の多くの大学が、「TOEFL iBT」のスコアを選抜要素として取り入れている。ほとんどが推薦入試の参考としてだが、ざっと示すと以下のようになる。

●一橋大学 商学部／一般推薦入試出願 要件の一部／93点以上
●千葉大学 法政経学部（法政経学科）／特別推薦入試 出願要件の一部／79点以上
●国際教養大学 国際教養学部／一般入試 特例措置／71点以上はセンター試験の英語科目を満点と換算

●上智大学／公募制推薦入試　出願要件の一部／（例）国際教養学部国際教養学科79点　外国語学部英語学科72点　経済学部経営学科72点など
●法政大学ＧＩＳ（グローバル教養学部）／自己推薦入試 出願資格の一部／76点以上
●中央大学／英語運用能力特別入試 出願要件の一部／法学部68点以上、経済学部68点以上
●立命館大学 国際関係学部国際関係学科（グローバル・スタディーズ専攻）／ＡＯ入試「グローバル・スタディーズ専攻選抜方式」出願要件の一部／71点以上

このように見てくると、大学側は「TOEFL iBT」を選択するのをためらうだろう。となると、センター側がつくる試験が中心になるから、成果が上がるわけがない。〝グローバル人材〟など、絵に描いた餅《もち》ではないだろうか。

「子ども食堂」の広がりに見る「子どもの貧困」

それでも、グローバル人材の養成という目標はいい。しかし、肝心のその卵たちの一部が貧しくて、学校に行けないという現状は、なんとかしなければならない。

学校に行けたとしても給食費が払えない、学用品が買えない、そういう子どもがいる。いわゆる「子どもの貧困」が社会問題化してもう10年近く経つ。

いつの時代にも、貧しい人々はいるし、貧しい子どもたちもいる。しかし、「7人に1人の

子どもが貧困状態にある」と聞くと、驚かざるをえない。

現在、「貧困率」は、厚生労働省の「国民生活基礎調査」として公表されている。それによると、日本の貧困率の最新値（2015年）は15・6％で、前回調査の2012年の16・1％に対してわずかだが改善している。

一方、17歳以下の子どもを対象とした「子どもの貧困率」は2015年で13・9％。こちらも前回2012年の16・3％よりも改善している。しかしそれでも、前記したように「7人に1人が貧困状態」なのである。

ただし、ここでいう貧困率は、「相対的貧困率」のこと。これは、世帯収入から国民一人ひとりの所得を試算して順番に並べたとき、真ん中の人の所得（2015年は245万円）の半分（＝貧困ライン）に届かない人の割合である。子どもの場合は、17歳以下でこの貧困ラインを下回る世帯で暮らす子どもの割合を指す。貧困に陥る子どもが多いのは母子家庭で、母子家庭の子どものうち約4割が貧困状態にある。

ちなみに、日本の貧困率の高さは国際的に見ると、アメリカの16・8％（2015年、OECD調査）に次いでG7中ワースト2位。ひとり親世帯ではOECD加盟国35ヵ国中ワースト1位になっている。

このような状態にある子どもたちを救おうと、全国的に広がっているのが「子ども食堂」という運動だ。2010年頃から、貧困家庭や孤食の子どもに対し食事や安心してすごすことのできる場所を提供する運動として始められ、2018年時点で全国に2200ヵ所あるという。

「子ども食堂」では、月に数回、無料の食事が提供され、同時にボランティア学生などにより、学習のサポートが行われたりしている。「子ども食堂」と同じく、「無料塾」も全国的に広がっている。

しかし、こうした運動だけでは、子どもたちを本当に救うことはできない。

なぜなら、子どもたちに十分な教育を与えられたとしても、日本の教育はいまだに知識偏重型で、職業教育ではないからだ。一部で行われている職業教育も、ＡＩやコンピュータ、ロボットによって生産が行われるデジタルエコノミーの時代に適していない。

経済が成長している時代なら、親が貧しくとも、教育を受けて社会に出れば、仕事に就けて給料も自然に上がった。そのため、子どもは親より豊かになり、その分、親の社会階層を超えることができた。

しかし、いまの日本は違う。貧困は連鎖、再生産されている。

底辺大学は奨学金によって生き延びている

かつての時代は、貧困から抜け出すただ一つの方法は、高い教育を受けることとされた。だから、誰もが頑張って大学に行くことを目指した。家庭が貧しい子どもも、「奨学金」をもらって大学進学を目指した。

ところが、この奨学金を返せない人間が続出し、なかには自己破産に追い込まれるケースもあって大きな社会問題になった。

「朝日新聞」（2018年2月12日）は、「奨学金破産、過去5年で延べ1万5千人　親子連鎖広がる」という記事を掲載し、日本学生支援機構のデータを初めて公開した。その主な点を以下、引用する。

《機構などによると、奨学金にからむ自己破産は16年度までの5年間で延べ1万5338人。内訳は本人が8108人（うち保証機関分が475人）で、連帯保証人と保証人が計7230人だった。国内の自己破産が減る中、奨学金関連は3千人前後が続いており、16年度は最多の3451人と5年前より13％増えた。》

《奨学金をめぐっては、返還に苦しむ若者が続出したため、機構は14年度、延滞金の利率を10％から5％に下げる▽年収300万円以下の人に返還を猶予する制度の利用期間を5年から10年に延ばす、などの対策を採った。だが、その後も自己破産は後を絶たない。

猶予制度の利用者は16年度末で延べ10万人。その期限が切れ始める19年春以降、返還に困る人が続出する可能性がある。》

日本の奨学金は、無償のものはほとんどなく、返済型が主流だ。つまり、奨学金ではなく「ローン」である。日本学生支援機構では、無利子と有利子での貸与型の2種類を用意していて、無利子の奨学金を「第一種奨学金」、有利子の奨学金を「第二種奨学金」と呼んでいる。

「第一種」が3割、「第二種」が7割で、返済期間は20年である。

返済期間が20年といっても、正社員であれば返せるが、非正規雇用では月3～4万円の返済は困難。そのため、借金は減るどころか溜まっていく。そうして、最終的に自己破産してしまえば、大学進学はまったく無意味ということになる。

じつは、日本の奨学金は貧困学生のためにあるのではなく、底辺大学の経営のためにある。これは、貸与奨学金の受給率を大学入学の難易度別に調べてみると、はっきりする。偏差値上位の難関大学は奨学金利用者が少ない。それに対して、偏差値が低い底辺大学ほど利用者が多い。返済金の滞納率も同じで、難関大学は滞納率が低く、中堅大学、底辺大学となるにつれて上昇する。

つまり、このことから言えるのは、中堅以下の私立大学の多くは奨学金のおかげで経営が成り立っていて、奨学金がなければ破綻するところもあるということだ。こうなると、底辺大学は大学ではなく、単なる「貧困ビジネス」である。

いまから10年後の２０２８年、はたして日本の大学はどうなっているだろうか？

少なくとも、世界ランキングの順位を大幅に落とし、多くの大学が消滅しているだろう。

2029年

AIに職を奪われ、街に溢れる失業者

AIが人間の仕事を奪うといっても、「いまある仕事がなくなるだけで、代わりに別の仕事ができるから心配ない」と思っている人は多い。しかし、テクノロジーの発達は加速し、2030年を前にして、AIとロボットはほとんどの仕事を奪ってしまうだろう。そしてそのときは、失業者を助けるセイフティネットも機能しなくなっているかもしれない。

生き方そのものが「拡張」し「スマート」化

かつて、世界経済は「米欧日」が中心だったが、21世紀になると、日本の衰退と入れ代わりに中国が大きく成長したため、「米欧中」の3極体制になった。したがって、日本はこの3極とうまくバランスを取りながら生きていかなければならない。

そうしながら、先進経済であるデジタルエコノミーに適応しなければ、日本の未来はない。それでは、デジタルエコノミーのなかでの私たちの暮らしは、どういうものになるのだろうか？

未来のデジタルエコノミーの姿を描いた本に、『拡張の世紀』（ブレット・キング著、東洋経済新報社、2018年、原題『Augmented：Life in the Smart Lane by Brett King』）がある。ブレット・キングは著名なテクノロジー・フューチャリストで、この本では、今後、AIなどの先端テクノロジーが私たちの生活をどう変えていくかを詳しく解説している。それは、簡単に言うと、生き方そのものが「拡張」し、「スマート」化していくということになる。

ブレット・キングは、この本の「はじめに」で、いきなりこう書いている。

《私の6歳になる息子のトーマスは、将来クルマを持つのに運転免許証をとらなくてもよく、クルマの所有さえしない可能性が非常に高い。代わりに、クルマを単に「時間借り」するだけになるだろう。彼はその人生を通じて、スマートデバイスを手放すことは決してしないだろう。近いうちにデバイスは、いつ医者のアドバイスを受けに行けばよいかを知らせてくれるようになる。住むのはスマートハウスで、掃除はロボットが行い、食料品は冷蔵庫や家庭用ＡＩが注文してくれる。何を買うにも、支払いにプラスチックカードや小切手帳を使うことは全くない。そして毎日、マウスもキーボードもない何百ものコンピュータとやり取りする。》

なるほど、これが近未来の暮らしなら、それはすぐにでも実現するだろう。しかし、そのときトーマスはどんな仕事をして生計を立てているのだろうか？

2030年までに世界で4億〜8億人が失業する

これに対する答えは、すでに２０１６年１月の「世界経済フォーラム」（ＷＥＦ：通称ダボス会議）の報告書『仕事の未来』（The Future of Jobs）で描かれている。この報告書は「第４次産業革命で５００万人が職を失う」と警告していた。

ＡＩ、機械学習、ロボット工学、ナノテクノロジー、３Ｄプリント、遺伝学、バイオテクノロジーなど、これまでバラバラに開発が進んでいた分野が統合するにつれて「第４次産業革命」が起こる。これにより今後5年のうちに、ビジネスモデルだけでなく労働市場全般に破壊的な変化が生じる。だから、企業や働き手は近未来の変革に備えるようにというのである。

以下、WEFのサイトにアップされている記事の内容を要約すると、次のようになる。

→Five Million Jobs by 2020 : the Real Challenge of the Fourth Industrial Revolution (January 18, 2016)

《WEFが調査対象にしたのは、15の主要国と地域で、9分野の広範な産業にわたる企業の最高人事責任者や経営幹部に対して、ヒアリングを行った。

その結果、今後5年間（2020年までに）でこの15の主要国と地域で710万人が職を失うと予測した。失業の原因は、余剰人員のリストラ、オートメーション、ディスインターメディエーション（仲介業）などで、ホワイトカラー層への影響がもっとも大きい。

ただ、この損失は、210万人分の新規雇用によって部分的に相殺されるので、失業者は500万人に止まる。ダメージが大きいのは、医療、エネルギー、金融などで、雇用創出が見込まれるのは、ICT（情報通信技術）業界で、専門的サービス、メディア、エンターテインメント、情報プロフェッショナルが続く。

各国政府は差し迫る変革に対して、早急に適切な対策を取り、未来に通用するスキルを持つ労働力を形成する必要がある。さもなければ失業と格差が悪化し、ビジネスは消費の低迷にますます苦しむことになる（クラウス・シュワブWEF会長）》

というわけで、2020年までに500万人が失業する。それでは、その後はどうなるだろうか？

２０１７年11月に発表されたマッキンゼーの調査レポートでは、２０３０年までに最大で世界８億人の労働力がロボットに置き換えられる可能性があるとしている。

この調査は、世界46ヵ国、８００の職業を対象に実施され、その結果、今後13年間で世界の労働者の約５分の１が産業のロボット化で影響を受けるとし、「４億～８億人が職業の変更を促され、２０３０年までにわれわれは世界中で新しい雇用を創出する必要がある」と結論している。

はたして、そんなことが可能だろうか？　ＡＩやロボットが仕事をする時代になっても、人間がする仕事はあり続けるのだろうか？

馬車から鉄道に代わり新しい仕事が生まれた

いくらＡＩやロボットが仕事をする時代になっても、新しい仕事が生まれれば問題は起こらない。しかし、その可能性は限りなく低い。新規雇用が生まれるとする見方は、現在のところ少数派だ。

自動運転車が走るようになれば、タクシー運転手は必要ではなくなる。税務ソフトが完璧ならば、税理士、会計士は必要ではなくなる。この必要ではなくなった人々が、スムーズに移れる仕事は、いまのところ見えてこない。

つまり、いつか仕事がなくなる日は必ずやって来る。テクノロジーの進化は日々早まり、イノベーション（技術革新）は進む。そうしてある日突然、世界を一変させる。

19世紀に鉄道ができて、馬車が必要ではなくなった。その結果、駅者《ぎょしゃ》は失業した。しかし、駅者が鉄道の運転手に転職できたかといえば、そんなことは起こらなかった。

ただし、この時代は、古い仕事がなくなっても、新しい仕事が生まれた。交通手段は馬車から鉄道に代わったが、その結果、鉄道の運転手、整備員、駅員などの新しい仕事が生まれ、仕事自体は減らなかった。ところが、今回のＡＩ革命、第４次産業革命、デジタルエコノミーでは、新しい仕事はできてもその数はわずかだ。

なぜなら、これまでのイノベーションは、人間の力を外部の力で補完する、あるいはアウトソースするというかたちで発展を遂げてきたからだ。しかし、ＡＩとなると、人間の脳がアウトソースされるわけで、もはや人間自体が必要ではなくなってしまうのだ。

ではここで、今日まで、イノベーションがどのように起こって、テクノロジーが進化してきたのか？　それを振り返ってみたい。

技術の進化で人間のすべてがアウトソース

技術すなわちテクノロジーは、人類が生まれたときから存在した。ヒトはなんらかの「モノ」（道具）を使うことでヒトになった。それを手短にまとめると、次のようになる。

狩猟時代→農耕時代→第1次産業革命→第2次産業革命→コンピュータによる第3次産業革命

現代は、この第3次産業革命の後の時代で、AIを中心とする「第4次産業革命」時代である。では、これらの各時代のテクノロジーはどうだったのだろうか？

狩猟・農耕時代のテクノロジーは、狩猟器具や農工具のような人間の手を補完する技術が中心だった。そして、第1次・第2次産業革命時代には、蒸気機関から内燃機関（自動車）そして電気機関（電車）のような人間の身体の力学的機能を補完する技術が登場した。テクノロジーが手から身体全体に広がったのである。そして、第3次のコンピュータによる産業革命と第4次のAIやロボットによる産業革命の時代は、人間の脳の機能を補完するテクノロジーが発展している。

では、ここまでを整理してみよう。テクノロジーの進化は次のような順番になる。

⑴手の補完、⑵身体機能全般の補完、⑶脳の補完

つまり、テクノロジーとは「人間を補完するもの」と言うことができ、⑴⑵⑶により、人間機能のすべてがアウトソースされてしまえば、人間そのものが必要なくなってしまうのだ。

このような人間の補完は、すでに究極のところまで行き着いている。たとえば「iPS細胞」のようなバイオテクノロジーによって、身体の内側もテクノロジーによる補完ができる度合いが高まった。また、遺伝子まで「ゲノム編集」（Genome Editing：遺伝子操作技術）というテクノロジーによって操作できるようになった。このままいけば、完全なアンドロイドがで

きるのは時間の問題だ。

ただし、この補完の歴史を見て、気がつくことがある。⑴の「手の補完」ができたからといって、手仕事がすぐにはなくなってはいないこと、⑵の「身体機能全体の補完」ができたからといって、身体を使う仕事がすぐにはなくなってはいないことだ。むしろ、人間が身体を使って行う仕事は、いまでも数多くある。

とすると、⑶の「脳の補完」ができたからといっても、脳を使う仕事がすべてなくなるとは考えられない。ただし、少なくなるのは確かだろう。

「特化型ＡＩ」と「汎用ＡＩ」の大きな違い

ＡＩはある分野では、すでに人間の脳の能力を超えている。「アルファ碁《ご》」が囲碁の世界チャンピオンを負かしたように、もはや特定の分野ではＡＩのほうが人間に優《まさ》るようになった。こういうＡＩは、「特化型人工知能」（NAI：Narrow AI）と呼ばれている。グーグルの自動検索機能も、いま開発が進んでいる自動運転車もこの「ＮＡＩ」だ。

しかし、これだけでは、特定分野でしか人間の脳を超えられない。そこで、人間の脳のすべてを凌駕《りょうが》する「汎用人工知能」（AGI：Artificial General Intelligence）の研究開発が劇的に進んでいる。

「ＡＧＩ」というのは、それが完成すれば、日常のあらゆる場面において人間同様かそれ以上のことをすることが可能になる。つまり、完璧に人間は補完され、労働現場では不要になってしまうことが考えられる。「ＡＧＩ」が完成すれば、本当に「シンギュラリティ」（Singularity：技術的特異点）、つまりＡＩが人間を超えるときが訪れる。レイ・カーツワイル氏はその時点を２０４５年としたが、もっと早まるだろう。

とはいえ、前記したようなテクノロジーの歴史を見れば、ＡＧＩが完成してしまうまでは、手仕事も身体仕事も残るはずだ。また、脳を使った仕事（頭脳労働）も、いきなり「ＮＡＩ」に取って代わられることはないだろう。

ところが、いま語られることは、単に「ロボットや人工知能に置き換わりにくい仕事はどれか？」という観点からのことが多い。

また、よく言われているのが、「これからのＡＩ時代は誰にでもできるような仕事しかできない人間は通用しない。キミしかできない特別なスキルや能力を持つことが大事だ。そういう人間だけが生き残る」ということだ。

しかし、これらは間違っているのではないかと、私は思う。なぜなら、「特別なスキルや能力」のほうが先にＡＩに置き換えられる可能性が高いからだ。すでに「ＮＡＩ」は十分に発達してきている。特化型のＡＩのアルファ碁がプロ棋士《きし》を超えたように、特化型の会計ＡＩが会計士を超え、特化型の法務ＡＩが弁護士を超えることが、もうすでに起こっている。

いまでは、アメリカのローファームの多くは、弁護士の卵「パラリーガル」を雇わなくなった。特別なスキル、知識がほとんど必要がなくなったからだ。もう膨大な裁判記録を手作業で調べる必要はない。すべてＡＩが記憶し、データ化しているからだ。

こう見ていくと、単純な手仕事、力仕事のほうが先にＡＩ、ロボットに奪われるというのは間違いで、むしろ、脳を使った仕事のほうが先に奪われるかもしれないのだ。

専門職エリートから先に失業していく

ここで営業・販売の仕事を考えてみたい。

営業の人間は現場に足を運び、販促をしながら、さまざまな声、出来事（つまり現場データ）に接する。そして、その現場の声を持ち帰り、それをもとにして、社にいる課長や部長は会議を開き、営業・販売計画を立てる。

とすれば、営業・販売計画を立てる側の仕事が真っ先にＡＩに置き換えられるだろう。ＡＩの世界では、ディープラーニングによって学習能力がどんどん向上している。そうして、ビッグデータを的確に分析して立案することが、いままでは訳もなくできるようになったからだ。

つまり、現場の人間、足を使う仕事をする部下が生き残り、上司がクビになる。こうなると、サラリーマンの世界は大きく変わるだろう。ヒラから課長、部長という出世階段は消滅してしまう。いま考えられる近未来においては、このようにスキルのある人間、専門的な仕事をする人間から仕事がなくなるだろう。

ビッグデータに象徴されるように、情報が膨大なほどＡＩは人間より有利だ。同じく、専門知識が多ければ多いほど有利だ。となると、判断が必要とされるコンサルタント型の仕事、マネージング型の仕事なども、簡単に機械に置き換えられる。また、前記したような会計士、弁護士などの専門職などもどんどん機械に置き換えられる。

こうして生き残るのは、言葉は悪いが、「パシリ仕事」「現場仕事」だけとなるのではないか。すでにアメリカでは、会計士、弁護士、医師などの専門職がＡＩに取って代わられるとして、学生たちの志望先が大きく変化している。これまでは、専門職がもっとも付加価値が高いとされ、高給を保証されてきた。それが、真っ先にＡＩに置き換えられるとわかり、経営者は大喜びである。経営者は、もっとも効果が高くコストが抑えられる職域から順に、ＡＩやロボットを投入していく。とすれば、いわゆるエリートが大量に失業する時代がやってくる。２０１８年の時点で、アメリカでは5年前に比べ会計士の新規雇用が半分に減った。

「AIが経済・社会に与える影響」報告書

オバマ前大統領は、最後の仕事として、２０１６年12月20日に、「ＡＩが経済・社会に与える影響についての報告書」を発表した。これは、オバマ政権の科学および経済アドバイザーがまとめたもので、悲観論と楽観論が併記されている。

以下、それを伝える「ＷＩＲＥＤ」誌の記事「仕事の47％はＡＩに奪われ、格差は拡大する：米政府報告書」（２０１６年12月26日）から、重要と思われる部分を引用したい。

《過去数十年の間でも、電話交換手やオフィスでの文書整理係、旅行代理店の店員、組み立てラインの作業員といった職がオートメーション化によってすでに失われたと言われており、いまはタクシーやＵｂｅｒの運転手のような職業が危機にさらされている。トラック業界は今後10年以内にオートメーション化へとシフトするだろう（米国内では３８０万人が運転関係の仕事をしている）。》

《この報告書は、オートメーション化普及率を予測するにあたって、二つの異なる試算を引用している。まず、経済協力開発機構（ＯＥＣＤ）の研究者は楽観的な見方をしていて、仕事に関連するいくつかのタスクが自動化され、多くの仕事の内容が変化はするだろうが、完全になくなることはないと考えている。今後10～20年の間で存亡の危機にさらされる仕事は全体の９パーセントに過ぎないと彼らは見積もっている。》

《しかし、オックスフォード大学のカール・ベネディクト・フレイやマイケル・Ａ・オズボーンによる別の分析によると、ＡＩの専門家たちに対してオートメーション化によってなくなりそうな仕事を分類するよう依頼したところ、米国内の仕事の47パーセントが危機に瀕すると判明したという。

この研究によると、「時給が20ドル以下の仕事」の83パーセントはＡＩが優勢になるが、「時

給40ドル以上の仕事」ではその割合は4パーセントとされている。》

はたして、どちらの未来予測が正しいのか？　時給40ドル以上の仕事、つまり専門的な仕事のほうが影響が少ないというのは、にわかには信じられない。

「ＷＩＲＥＤ」の記事は、さらに次のように続く。

《研究者たちが答えられない重要な質問がある。それは、オートメーション化による失業を、雇用拡大が吸収できるのかという点だ。米国では以前から、事業の規模縮小や閉鎖によって、各四半期に仕事の6パーセントがなくなってきたが、別の分野の雇用拡大でそれを相殺してきた。今回の報告書は、オートメーション化に伴う失業の波を予測するなかで、新たな労働者の教育と準備、失業者支援、増大する所得格差を緩和する方策などの戦略を支持している。》

日本の厚生労働省も「未来の働き方」を予測

日本でも、２０１６年8月に、厚生労働省が「働き方の未来２０３５」という報告書をまとめ、「働き方の未来２０３５推進本部」というものを立ち上げた。

この報告書の冒頭は、こう書かれている。

《２０３５年にはさらなる技術革新により、時間や空間や情報共有の制約はゼロになり、産業

構造、就業構造の大転換はもちろんのこと、個々人の働き方の選択肢はバラエティに富んだ時代になる》

そして、次のようなシミュレーション事例が紹介されている。

【2016年50歳→2035年69歳　女性】

《50過ぎまでは、会社で経理を担当していました。でも、経理業務はどんどんAIに代替されていきました。15年ほど前に転職し、いまは地域の病院に勤めながらカウンセラーの資格も取得しました。私の仕事は、AIを使った問診のお手伝いです。患者さんは不安で「すぐ治りますよ」と声をかけるだけで気持ちの支えになり、人間にしかできない仕事です》

【2016年36歳→2035年55歳　男性】

《自動車メーカーA社に勤めていました。自動運転技術が出はじめたころ、職場の仲間数人で「自動運転の警備巡回マシンをつくろう」と盛り上がり、本業のかたわら開発に打ち込みました。製品化して会社を立ち上げましたが、収益化には時間がかかりそうだったので、週の半分はA社に勤務し、残りの半分で自分たちの会社を経営していました。3年ほど経ったころからビジネスが軌道に乗り、A社を退職して自分たちの会社の経営に専念しました。世界各地に赴き営業し、いまでは50ヵ国以上の警備会社に採用されています》

【２０１６年61歳↓２０３５年80歳　男性】
《新卒で入社した会社の定年は65歳でしたが、人手不足で結局70歳まで働きました。といっても66歳からは小さな会社を起業したので、それが副業となり、71歳以降も働くことにしました。といってもインターネットで受注したボランティアの仕事です。私の専門だった仕事はすっかりＡＩを搭載したロボットに取って代わられたのですが、文化保護団体が昔の仕事のやり方を保存したいということで、私に仕事が来ます》

どの事例も、きわめてポジティブで、予測は楽観的である。ＡＩは、人から職を奪うネガティブな存在ではなく、むしろ生活のさまざまな問題を解決するテクノロジーとしてポジティブに捉えられている。はたして、本当にこんな未来が訪れるだろうか？

ワークシェアリングとベーシックインカム

ここで、次のような予測をして、そのときどうなるかを考えてみたい。これまで見てきたように、ＡＩとロボットによるデジタルエコノミーが進展すれば、人間がしてきた仕事の2〜3割は置き換えられて消滅する。つまり、2〜3割の人間が失業し、7〜8割の人間が生き残るということになる。

しかし、このような単純な2極化した社会が、本当に訪れるだろうか？　2〜3割の人間が失業し、7〜8割の人間が働いている。そんな社会がありえるだろうか?

おそらく、そんな社会は訪れないだろう。なぜなら、失業率20%以上というのは、大恐慌時代のアメリカと同じレベルだからだ。当時は失業者が街にあふれ、食糧配給の列に大勢の人間が並んだ。また、家を失った人々は、ホームレス生活を余儀なくされた。つまり、こうなると社会そのものが成立しなくなる。

では、どうなるか?

大恐慌は一気にやって来たが、AI社会は、進展は速いが一気にやって来るわけではない。じょじょにやって来る。となると、その間に「ワークシェアリング」(Work Sharing:仕事の分かち合い)が進んでいくだろう。

正社員サラリーマンは次第に少なくなり、非正規雇用者が増えていく。そうしたなかで、非正規雇用者が仕事を分かち合うことが進んでいくのではないだろうか。

そして、さらに仕事が減れば、これはもう、国民におカネを分配する以外に手がなくなるだろう。つまり、最終的には「ベーシックインカム」(BI:Basic Income)のようなシステムを導入しなければ、経済社会はもたなくなる。「ベーシックインカム」とは、政府がすべての国民に対して、最低限の生活を送るために必要なおカネを配るという制度だ。

これは政府による〝究極のバラマキ〟だが、こうしないと、モノやサービスを買う消費者がどんどん減り、AIやロボットがモノやサービスをいくら生み出しても、それが売れずに社会が成立しなくなってしまう。

しかし、ベーシックインカムはスイスやフィンランドなどで導入実験が行われてきたが、うまくいっていない。働かない、何もしないで食べていけるという社会は、歴史上、人類が経験したことがない社会だから、どうなるかはまったくの未知数だ。

失業保険がもらえなくなる日がやって来る

いずれにせよ、デジタルエコノミーが進展するなかで、失業者が大量に発生する。日本の場合、失業者は全国に550ヵ所ほどあるハローワークに行き、仕事探しをすることになっている。

そして、次の仕事が見つかるまでの間、「雇用保険」から「求職者給付」(いわゆる失業保険)をもらえることになっている。失業保険は、仕事を失った労働者のためのセイフティネットであり、現役の労働者や事業者から強制的に徴収された保険料で成り立っている。つまり、失業保険は、プールされた積立金のなかから支払われる。

この積立金は、2018年時点で6兆円を超えており、使い切れなくなっている。人口減で失業率が劇的に減り、一時的にヒト不足になったからだ。

しかし、この先、この積立金が十分にあるかどうかわからない。AIが失業者を生み出すようになれば、たちまち枯渇《こかつ》してしまうかもしれない。

実際、枯渇寸前、失業保険を払えなくなる寸前までいったことがある。バブル崩壊以降、失業率はずっと上昇傾向をたどった。そのため、1993年度に4兆7527億円あった積立金は2002年度には過去最低の4064億円にまで減少した。

そこで国が取った政策は、雇用保険法の大改正だった。「会社都合」と「自己都合」で失業手当の給付期間に大きな差をつけ、それまで勤続6ヵ月以上だった受給資格を1年以上に延長、年齢別上限額も最大24％カットするなど、次々と大ナタを振るったのである。

その結果、前記したように、積立金は大幅に積み上がった。となれば、改正前に戻して、セイフティネットの充実を図るべきだと思うが、役人は制度改悪はしても改善はしない。なぜなら、1度入ってきたおカネは2度と出さないのが〝お役所のオキテ〟だからだ。そうしたおカネは、自分たちが天下れる独立行政法人「高齢・障害・求職者雇用支援機構」や「介護労働安定センター」などの運営資金に回す。

こういうことを見ると、AI失業した将来の労働者は、失業保険がもらえなくなる可能性が高い。もらえたとしても制度改正によってわずかな額だろう。

そのわずかな額をもらうためにハローワークに通い、AIに「仕事は見つかりましたか？」とたずねる。そうすると、AIは「残念ながらいまのところ、あなたに合う求人はございません」と、そっけなく答えてくれるだろう。

2030年

キャッシュレスによる監視社会の完成

「いまだに現金？」と、世界から大きく遅れてきた日本のキャッシュレスへの取り組みが、2018年から大きく変わった。政府は、「2025年までに決済の40%をキャッシュレスにする」と宣言し、コンビニはスマホ決済店舗をつくり、銀行はリアル店舗とATMの削減を開始した。さらに、LINEなどのネット企業は、スマホ決済の拡大に一気に動き出した。このままいけば、2030年には現金はなくなるだろう。

しかし、キャッシュレスになることは、本当にいいことなのだろうか？

2025年までに決済の40%をキャッシュレスに

現金からキャッシュレスへのシフトと、AI社会の進展はイコールである。すべては、デジタルエコノミーへの転換だからだ。それではデジタルエコノミー社会になると何が起こるのか、「2030年キャッシュレス社会の完成（100%キャッシュレス）」ということで、推察してみたい。

2018年4月、経済産業省は「キャッシュレス・ビジョン」を発表し、キャッシュレス推進のためのガイドラインを明らかにした。それによると、2017年に「未来投資戦略」で設定した「今後10年間（2027年6月まで）に、キャッシュレス決済比率を倍増し、4割程度とすることを目指す」（キャッシュレス決済比率40%達成）としていた目標を2025年に前倒しし、さらに80%を目指していくということになった。ということは、2030年には「キャッシュレス100%」はほぼ達成されているだろう。

こうした政府の動きに合わせて、たとえば、ローソンは、4月23日から5月31日まで、本社のあるゲートシティ大崎店、晴海トリトンスクエア店、大井店の都内3店舗で一般利用者を対象に「ローソンスマホペイ」の実証実験を行った。スマホにローソンアプリをインストールし、作成したアカウントでログインすれば、店内で商品のバーコードをスマホで読み取るだけでレジに並ばずに決済できるという仕組みだ。

また、三菱ＵＦＪ銀行では、全店（５１５店）の約15％に当たる85店程度を統廃合するとし、今後５年以内に全国の店舗などに設置しているＡＴＭおよそ８１００台のうち２割程度を減らすと発表した。

さらに、ネットの無料対話アプリを運営し７０００万人以上のユーザーを抱えるＬＩＮＥは、「決済革命を起こす」として、「ＬＩＮＥペイ」の利用拡大に一気に動き出した。「ＬＩＮＥペイ」では店舗側のスマホに専用アプリを入れ、それをＱＲコード決済の端末として利用する。お客はそこに表示されるＱＲコードを自分のスマホで読み取って決済する。これは、中国でスタンドードになった「アリペイ」（Alipay ＝阿里巴巴集団：アリババ・グループが提供するキャッシュレス決済）や「ウィチャットペイ」（WeChat Pay ＝騰訊：テンセントが提供するアプリ微信（ウェイシン）によるキャッシュレス決済）と同じシステムだ。

こうしたことからわかるのは、将来は、リアル店舗での支払いはすべてキャッシュレスになり、主に現金を扱ってきた銀行などの既存の金融機関はなくなっていくということだ。そうして、すべての決済は、ネットを通してデジタルで行われるということである。

主要国は軒並みキャッシュレス決済50％超え

日本政府が急に「キャッシュレス推進宣言」をした背景には、世界中で急速に進むキャッシュレス化がある。かねてから「日本は遅れている」と、メディアなどで批判されてきたことが大きい。

それもそのはず、日本におけるキャッシュレス決済の比率は、2016年時点で19・8％にすぎなかった。ところが、お隣の韓国は96・4％、中国では60％を超えていた。欧州諸国もイギリスが68・7％と高く、北欧のスウェーデンも50％を超えていた。スウェーデンと言えば、もっともキャッシュレスが進んだ国とされ、スウェーデン国立銀行の発表によると、2015年時点で国内の全決済における現金支払いの価値割合は、なんと全体のわずか2％程度にすぎなかった。

ちなみに、中国が60％とされたのは、クレジットカードなどを含めていたからで、スマホ利用などのオンライン決済だけならほぼ100％に近かった。中国はニセ札が多いので、人々は紙幣（人民元）を信用せず、また、クレジットカードが嫌いなのだ。

図表21（223ページ）は、世界の主な国のキャッシュレス決済比率だが、これを見れば、日本がいかに立ち遅れてきたかがわかるだろう。

「1万円札を廃止せよ」と言うロゴフ教授

日本政府の「キャッシュレス推進宣言」に大きな影響を与えたのが、ハーバード大学教授のケネス・ロゴフ氏である。ロゴフ教授は「高額紙幣廃止」「キャッシュレス推進」論者で、2016年に『The Curse of Cash』（Princeton University Press、邦訳版『現金の呪い』、日経

［図表 21］キャッシュレス決済比率の各国比率
（2007 年と 2016 年）

	キャッシュレス比率（※）		
	2007	2016	07 年→ 16 年
韓国	61.8%	96.4%	+34.6%
イギリス	37.9%	68.7%	+30.8%
オーストラリア	49.2%	59.1%	+9.9%
シンガポール	43.5%	58.8%	+15.3%
カナダ	49.0%	56.4%	+7.4%
スウェーデン	41.9%	51.5%	+9.6%
アメリカ	33.7%	46.0%	+12.3%
フランス	29.1%	40.0%	+10.9%
インド	18.3%	35.1%	+16.8%
日本	13.6%	19.8%	+6.2%
ドイツ	10.4%	15.6%	+5.2%
中国（※※）	（参考） 約 40%（2010 年）⇒約 60%（2015 年）		

（※）キャッシュレス比率は、（カード決済（電子マネー除く）＋ E-money 決済）／家計最終消費支出により算出（ともに US ＄ベースで算出）
（※※）中国については、Better Than Alliance のレポートより参考値として記載
出典：経済産業省

BP社、2017）という本を出し、そのなかで、キャッシュレス社会への移行を提唱した。日本にも言及し、日本は、5～7年をかけて1万円札と5000円札を廃止すべきだと主張した。

ロゴフ教授と言えば、ベストセラーとなった『This Time Is Different』（邦訳版『国家は破綻する―金融危機の800年』日経BP社、2011、ハーバード大のカーメン・ラインハート教授との共著）が有名で、同書は世界の金融政策担当者の必読書となった。また、2001年から2003年までIMFの主席エコノミストを務めている。

このロゴフ教授を「日本経済新聞」がインタビューした記事「日本は1万円札を廃止せよ」（2017年8月1日）があり、そのなかで教授はこう言っていた。

《現金決済が主流の日本では荒唐無稽と思われがちだが、ユーロ圏だけでなく、カナダやスウェーデン、シンガポールも高額紙幣の廃止を決めた。日本にはまず1万円札と5千円札を廃止することを提案したい。米国は100ドル（約1万1千円）札と50ドル札だ。経済活動で現金が果たす役割の大きさは論じるまでもない。ただ、マネーロンダリングや脱税、収賄など犯罪行為で高額紙幣が果たす負の役割も大きく、現金の闇を取り除くべきだ。》

《日本円の通貨流通量を国民1人あたりで換算すると77万円だ。家族4人にすれば300万円を超す計算だ。財布や家の中にこれだけの現金を持っている家計がどれだけあるだろうか。》

現金廃止はメリットだけなのだろうか?

ロゴフ教授の主張をまとめると、キャッシュレスにすれば便利なうえ、マネーロンダリングや、収賄など犯罪行為を防ぐことができ、さらに脱税もなくせる。メリットははかりしれないというわけだ。

たしかにそのとおりである。

インドでは、2016年11月にモディ首相が、夜の8時すぎに突如記者会見を行い、最高額紙幣の1000ルピー(日本円で1700円程度)紙幣と、次に高額な500ルピー紙幣の使用を禁止してしまった。これで、一時大混乱が起こったが、それまで横行していた不正蓄財、脱税、収賄などが一気に減った。中国でも、キャッシュレス化が進むとともに、賄賂や汚職が減った。

ロゴフ教授は、現金をなくすことの経済的効果も指摘している。現金がなくなれば、「タンス預金」ができなくなる。すると、それまで眠っていたおカネが市場に出て、経済は活性化すると言うのだ。さらに、紙幣ばかりか小額硬貨もなくなれば、小銭の受け渡しが面倒だった少額商品の消費も喚起されると言う。

日本には、大きな「地下経済」(=アングラマネー)と膨大なタンス預金が存在している。地下経済の規模は最大でGDPの9%、約45兆円とされている。タンス預金も最低でもGDP

の8%、約40兆円はあるとされている。

となれば、1万円と5000円の高額紙幣を廃止すれば、これらのおカネが市場に出るようになる。トータルで100兆円近く、GDPの5分の1ほどのおカネが市場に出れば、その効果は計りしれない。

このように、キャッシュレス化はいいことずくめのように語られてきた。しかし、本当にメリットだけなのだろうか？　デメリットはないのだろうか？

「お年玉」「ご祝儀」「謝礼」などはどうするのか？

キャッシュレス化に関しては、素朴な疑問がある。それは、日本でなぜキャッシュレス化が進まなかったかと考えると、おのずと浮かび上がってくる疑問だ。

もし、現金がなくなったら、「お年玉」「ご祝儀《しゅうぎ》」「不祝儀」「お賽銭《さいせん》」「お布施《ふせ》」「謝礼」などはどうしたらいいのか？　ということだ。

このような現金による慣習は、日本社会に深く根付いている。たとえば、結婚式の受付で、現金を包んだご祝儀袋を出す代わりにスマホでご祝儀を払えるだろうか？　まさか、受付にQRコードを貼ってスマホをかざしてもらうのだろうか？　神社のお賽銭も、キャッシュレスで賽銭箱自体がなくなってしまったら、どうやって投げ銭をするのだろうか？

このような疑問が次々に浮かび、さらに疑問は続く。たとえば、フーゾクの支払い、賭け事の支払いなどはどうするのか？　愛人のお手当も、この世に現金がないのだから、オンラインで行うのだろうか？　さらに、政治家や有力者に何かを頼んだときの謝礼、医者などに対する謝礼など、現金を包んで渡していたものはどうしたらいいのだろうか？　これらは、たいていの場合、ポケットマネーから出る。裏金の場合も多い。しかし、キャッシュレスになれば、その出元はすべてわかってしまう。

中国では「お年玉」はオンラインで送る

こうした疑問に対する答えは現時点ではわからないが、一つの技術的な答えは、すでに中国で出ている。

中国には日本と同じように、お正月（春節）にお年玉を渡す慣習がある。これは、「紅包」（ホンバオ）と呼ばれ、お正月のお年玉以外にも、結婚、出産、入学、卒業、昇進などのときに、赤い袋（紅包袋）に現金を包んで渡すというものだ。この紅包が、ほぼキャッシュレスで行われるようになったのである。

２０１８年2月の春節後、テンセントは「微信」の「ウィチャットペイ」を使ったお年玉を送った利用者が6億８８００万人に上ったと発表した。これは、中国人のほぼ半数が、お年玉をキャッシュレスで払ったということを意味する。

これに私は驚いて、知人の中国人ビジネスマン（30代）に、「どうやって払うのか？」と聞いてみた。すると、彼は、そんなことも知らないのか、という様子でこう言った。

「簡単ですよ。微信にはお年玉機能が付いていて、それを使うだけです。送れる最高金額は1回で200元まで。ただし、春節の大晦日《おおみそか》の前日が2月14日で、バレンタインデーだったので、その日だけ520元まで送れる設定に変わっていました」

「なぜ？」

「520は中国語で 我愛你（I love you）の意味だからです」

彼は、中国はキャッシュレス社会になって本当に便利になったと続けた。春節にはお土産《みやげ》を持って故郷に帰るが、お土産はかさばる。電車に乗るのも苦労する。しかし、ウィチャットペイやアリペイが普及してからはお土産を持って帰る必要がなくなったと言う。また、なにより、偽札をつかまされることがなくなり、即座に決済できる。財布を持ち歩かなくていいので、心配は減る。コンビニでも屋台でもみなスマホで支払いできるなど、彼はメリットを次々に挙げた。

しかし、後述するが、この便利さとトレードオフで、私たちは〝大切なもの〟を失っている。それは、「個人情報」「プライバシー」であり、もっと言えば「自由」である。

このことを理解するために、キャッシュレス化によって撲滅《ぼくめつ》される「マネーロンダリング」（略してマネロン）について述べてみたい。

マネロンとはオフショアに現金を移動させること

２０１７年から、ＯＥＣＤ加盟国などによる「ＣＲＳ」（Common Reporting Standard：共通報告基準）が導入され国際的な租税回避が監視されるようになった。また、２０１０年から、「ＦＡＴＣＡ」（ファトカ：Foreign Account Tax Compliance Act：米国外国口座税務コンプライアンス法）によって、全世界でアメリカ人の口座が開示されることになった。この二つのことと、世界的なキャッシュレス化の促進は、じつはセットである。

一つの事象のオモテとウラと言っていい。

これは、最近では政府による現金廃止運動を、「テロとの戦い」（War on Terror）や「麻薬との戦い」（War on Drugs）になぞらえて、「現金との戦い」（War on Cash）」と呼んでいることに表れている。

つまり、どの国も、自国通貨がアンダーグランドに潜《もぐ》り、マネロンによってテロや麻薬などの資金になることを防ぎたいのである。さらに、「パナマ文書」事件に象徴されるように、国際的な脱税を防ぎたいのである。

そのためには、法を整備して国際協調するとともに、キャッシュレス化が欠かせない。

いまから10年以上前、私が「資産フライト」を取材していた頃は、現金の国外持ち出しが盛んに行われていた。

マネロンというのは、いかに現金をオフショアに移動させるかということで、オフショアの金融機関に入金した時点でほぼ成功である。これは、ロンダリングする必要がない現金、単に海外口座に入金する場合も、まったく同じだ。

アジアの場合、オフショアは香港やシンガポール、欧州の場合はスイス、リヒテンシュタイン、ガンジー島など、アメリカの場合はケイマンやＢＶＩ（英国領ヴァージン諸島）などになる。ここに、ハンドキャリーで飛行機に乗って現金を持ち込む人間が、昔はかなりいた。

たとえば、香港なら、現金の持ち込みはチェックされず、ＨＳＢＣ（香港上海銀行）に持ち込んで入金しても、出所を問われることはなかった。

もちろんいまは、銀行へ預け入れる場合は、必ず出所を問われる。海外送金でさえ、出所と使途を明確にしないとできなくなった。銀行は、現金が持ち込まれれば、その源泉について問いただし、少しでも不審点があれば、受け入れ自体を拒否する。

ＣＲＳによって、銀行にある口座はすべて納税者のコードに紐《ひも》づけられ、身分証明書の提示が求められる。そうして、最終的に預金者が属する国の税務当局へ報告される。

カジノ、プライベートジェットの存在理由

マネロンにしても、単なる海外預金にしても、現金でなければ無意味である。なぜなら、最終的には金融機関に現金を持ち込むことで、正式なマネーとなり、晴れて使えることになるか

らだ。

じつは、中国人にとって最大のマネロンの場所は、カジノである。

彼らは中国国内で違法行為によって蓄《たくわ》えた人民元や、共産党幹部が不正蓄財した人民元を、マカオなどのカジノに大量に持ち込む。そして、それをチップに換え、さらにそれを小切手に換えて持ち帰る。

こうすると、アングラマネーは、カジノで儲けたカネに変身してオモテのマネーに換わるのだ。カジノでは、現金の出所は問われない。つまり、キャッシュレスになると、これができなくなる。なにしろ、紙幣や硬貨そのものがないのだ。すべてはデジタル信号でしかない。

しかも、その所有者は明確だ。キャッシュというのは、どこまでも匿名性《とくめいせい》の世界である。ところが、デジタルではすべてが記録され、出所、使い道がバレてしまう。したがって、監視が強化されてからは、マネロンは主に「仮想通貨」（Cryptocurrency：クリプトカレンシー）により行われるようになった。

現金持ち込みの場合、ドルで100万ドル、円で1億円ぐらいまでは一般の旅客機で、なんとかハンドキャリーによって行える。機内に持ち込んでもわからない。しかし、それ以上、数億円、数十億円、数百億円となると、バッグに入りきれないから、プライベートジェットを使い、段ボール箱に詰めて持ち込むことになる。

スイスのチューリヒ空港にはプライベートジェット専用のポートがあり、そこでは飛行機から段ボール箱に詰められた現金が、出迎えのUBS（スイス・ユニオン銀行）やプライベートバンクの銀行員によって運ばれていく。現金が持ち出された国の法律と持ち出しの経緯がどうであろうと、スイスには現金の持ち込みに制限がない。

こうして、スイスには世界中から現金が集まってくる。アラブの富豪のマネー、各国の裏社会マネー、ロシアのオリガルヒたちのマネーなど、現金には持ち主の名前が書いていない。しかし、これらはもう昔の光景である。そして、2020年代には、完全な過去の話となるだろう。

不動産取引の〝裏金づくり〟は成立せず

それでは、ここから、前記した疑問に戻って、キャッシュレスになると何ができなくなるか、日本のケースを「税金」の面から考えてみたい。

税金というのは、富が移動したときに発生する。ある人間から別の人間におカネが支払われたとすれば、そのときにはなんらかの税が課せられる。これが明確になればなるほど、税務当局は徴税しやすい。

ではここに、ある不動産取引について二つの方法があるとする。あなたは、価格1億円の不動産の所有者で、A氏とB氏の2人から同時に購入のオファーを受けているとする。

どちらも購入希望価格は1億円だが、購入の条件が異なる。A氏は1億円をポンと払うと言う。一方のB氏は、8000万円はすぐに支払うが、残りの2000万円は、あとでお小遣い

（裏金）として、キャッシュで渡すと言う。

あなたはどちらをえらぶだろうか？

この場合、A氏に売ろうとB氏に売ろうと、入ってくるおカネは1億円で同じである。ただ、税金が違う。A氏に売却した場合は、1億円の売り上げが発生したので、それに見合う「不動産譲渡取得税」を支払わなければならない。

一方、B氏に売った場合は、あなたには紙面上で、8000万円の売り上げしか発生していないので、8000万円分の不動産譲渡取得税を払うだけですむことになる。しかも、その後、税金を支払う必要のない2000万円を、B氏からお小遣い（裏金）としてもらえることになる。

しかし、キャッシュレスになれば、このような裏金の存在はすべて当局に把握され、課税されることになる。現金による「お小遣い（裏金）」などという支払い方法が消えてしまうからだ。

愛人への〝お手当〟の支払いと贈与税

さらに続けて、ケーススタディしてみたい。

今度は、愛人に月々の〝お手当〟を支払う場合、どうするかである。中小企業を経営するオーナー社長の多くが、愛人を持っている。そうして、月々愛人に〝お手当〟を渡している。

その支払い方法は主に2通りある。

お手当の額が50万円として、⑴オーナー社長がポケットマネーから渡す場合と、⑵愛人を会社の役員などにして役員報酬、給料などで支払う場合だ。

⑴の場合、キャッシュレス社会になって問題になるのは、愛人が50万円を受け取る名目がないことだ。現金のときはわからなかったが、キャッシュレスになると捕捉される。

となると、愛人は贈与税を払わなければならなくなる可能性がある。贈与税は年間110万円（基礎控除額）までは無税だが、月50万円のお手当では、これを軽く超えてしまう。

したがって、⑵のケースが圧倒的に多いのだが、この場合は、愛人は会社の業務にかかわっていることなので（実際は違っても）、報酬の50万円から所得税や住民税を払わねばならない。つまり、キャッシュレス社会になれば、⑴のケースはほとんどなくなるだろう。

贈与税というと、たとえば、結婚式のご祝儀も場合によっては贈与税を取られることになりかねない（法人からもらった場合は贈与税ではなく所得税）。結婚式のような冠婚葬祭に属することは、社会的な通念が大事にされる。当局が、「一般的には、そのくらいの金額は妥当」と判断すれば、基礎控除額の110万円を超えても課税されない。

しかし、派手な結婚式で、何千万円という祝儀が集まった場合はわからない。また、両親から結婚費用をすべて肩代わりしてもらった場合などは、贈与税がかかる可能性が高い。キャッシュレスになれば、誰が誰にいくら払ったか、おカネの流れはすべて明らかになってしまうからだ。

医者に「謝礼金」を包めなくなる

次は、医者へ渡す謝礼である。

キャッシュレスになると、医者の収入は大幅に減るかもしれない。日本の病院では、とくに外科手術を受ける患者は、執刀医などに謝礼を渡すことが慣習になっている。

もし、高名な外科医に紹介で手術を頼めば、事前に「謝礼金」として50万~100万円を包むのは当たり前に行われてきた。一般の外科医でも5万~30万円は包む。

私の知人の医者は、外科医としては腕がいいと評判で、年間に少なくとも1000万円は、給料以外の収入がある。いまでは社会情勢が変わり、謝礼金の受け取りは多くの病院で禁止されるようになった。病院によっては「謝礼は受け取れません」という貼り紙が貼り出されているところがある。

ところが、実際は、いまでも病院で謝礼金の授受はある。貼り紙が出されているところほど、あると思って間違いない。有名病院はほとんどそうである。

謝礼を渡すのは外科医ばかりとは限らない。入院すれば、担当の内科医から看護師まで、ちょっと包んで渡すことは日常的に行われている。

もちろん、これをやらない患者や家族のほうが多いが、そういう人々は、日本社会の本質を知らないか、あえて知りたくない人々である。なぜなら、こういう現金を包む慣習は、医療界だけではなく、政界、経済界、教育界など、どこにでもあるからだ。政治家や有力者にものを頼んで、何も包まないなどということはありえない。「AERAdot.」（アエラドット）に、「医師への『謝金』市場は8000億円！　誰も教えてくれない謝礼金の実情」という記事があるが、かつてマッキンゼーの東京支社長がこうした謝礼金の市場を調べたところ、8000億円市場だったと記されている。

キャッシュレス社会の2大リスク

それではここまで述べてきたことから、キャッシュレス社会のデメリット、リスクについてまとめてみたい。キャッシュレスになると、主に次の二つのリスクが生じる。

(1)　プライバシー侵害リスク

キャッシュレス決済は、現金決済と違い、必ず第三者（クレジットカード会社、ウエブサービス会社、金融機関など）の仲介によって行われ、その記録が残る。

金銭のやり取りはプライバシーに属する重大なことだが、これが常に誰か、とくに政府や税務当局に監視される恐れが強まる。ブロックチェーン技術を利用した仮想通貨は匿名性が高いが、政府自らがこの技術を導入してしまえば、すべての決済は監視下に入る。

(2) 財産保全に対するリスク

現金がなくなってしまうと、個人は財産を蓄えることができなくなる。タンス預金ができないのだから、ゴールドや不動産などの実物資産以外は、デジタルマネーとして金融機関に預けておかなければならない。そうなると、銀行などの倒産リスクから逃れられなくなるうえ、政府がマイナス金利政策を導入して預金が目減りしても逃げられない。

この二つのリスク以外に、デジタルデバイドによって格差が広がるリスク、サイバー犯罪にあうリスクなどが生じる。

しかし、もっとも大きなリスクは(1)であり、これにより、私たちは「個人の自由」「プライバシー」「人権」まで失ってしまう可能性が高い。

プライバシーゼロの管理社会の完成

キャッシュレスになった未来社会を展望する最適の例は、中国である。そもそも、中国には、個人の自由やプライバシーなどの概念そのものが存在しない。憲法に「中国共産党が人民を指導する」と書かれている国だから、国民の情報は国家がすべて握っていいことになっている。アリババだろうと、テンセントだろうと、すべて共産党の管理下にあるので、北京は情報を見放題である。

中国には、そもそも個人情報が保護される理由が存在しないのだ。これはなにも、デジタル時代になってからの話ではない。昔からそうである。

中国には戸籍制度がある。戸籍とともに、中国の戸籍には必ず「档案」（ダンアン）という個人履歴が付いている。

档案とはレコード（記録）であり、中国人なら誰もが档案に、学校では成績と教師による評価、職場では業績と上司による評価が書き込まれ、さらに、細かな言動やどんな思想の持ち主かまでが記録される。

したがって戸籍と档案を見れば、個人はほぼ丸裸なのである。ここに、キャッシュレスによる実名の個人情報、おカネに関する情報などが加わるのだから、どうなるかは明白であろう。

さらに、中国では、「監視カメラ」による、個人の監視が究極まで行き着いている。現在、監視カメラは私たちの身近な存在になったが、中国がすごいのは、世界の監視カメラの約7割が中国にあること。そして、世界で稼働している監視カメラの多くが中国製であることだ。

その結果、中国政府は、最先端のＡＩが搭載された防犯カメラで、犯罪者追跡システム「天網」（ティエンワン）を運用している。

この「天網」システムの監視カメラは、街を歩く人間、車を運転している人間をピンポイントで特定することができる。ＧＰＳと顔認証技術を用いて情報を解析し、「信号を無視した車」、「いきなり走り出す通行人」などを捕捉《ほそく》すると、データベースにある犯罪者のものと顔認証を比較し、一致すれば即座に警報が鳴り警官が駆けつけるようになっている。

つまり、もはや中国では、法を犯せばすぐに捕まってしまうのである。

中国では、SNSはほぼ実名登録である。キャッシュレスアプリを利用するなら、それが欠かせない。そして、多くのユーザーが、自分の顔写真をネット上に公開している。となると、これらの個人情報と顔写真はすべてデータベース化され、すでに当局により一元管理されているのは間違いない。プライバシーゼロで自由なき世界は、完成に近づいているのである。

人間の「格付け」ですべてが決まる社会

キャッシュレス社会になったため、中国では人間の「格付け」が進んだ。この「格付け」（＝クレジットスコア）がないと、中国社会では何もできなくなってしまった。たとえば、「アリペイ」が提供する「セサミ・クレジット」（芝麻信用）のクレジットスコアはその代表だ。クレジットスコアが高ければ、さまざまなサービスで優遇される。そればかりか、就活、婚活にも大きく影響する。

クレジットスコアは点数で表され、点数が600点以上だと「信用良好」とされ、たとえば、レンタカー、病院での診察、図書館での本の貸出しなどのサービスでデポジットが免除される。また、婚活サイト「百合網」（バイホーワン）では、セサミのクレジットスコアが使われるので、スコアが高ければ高いほどいい相手が紹介される。

クレジットスコアの点数がカウントされる項目は、ざっと次のようになっている。

・アリババが運営するＳＮＳ上での交友関係
・アリペイでの支払い履歴（購入履歴）
・購入履歴による嗜好性
・クレジットカードの返済履歴
・不動産の保有状況
・クルマの保有状況
・最終学歴
・職業、職歴（キャリア）と年収

これらはまさに個人情報のカタマリであり、戸籍、档案などに紐付けされれば、プライバシーなど完全になくなってしまう。キャッシュレス化が向かうのは、こうした世界である。そこは、極めて透明性が高く犯罪のない世界である。しかし、一歩間違えれば、その世界は、ジョージ・オーウェルの著書『１９８４年』で描かれたような「ビッグブラザー」がすべてをコントロールする監視社会になってしまう。

スウェーデンとは違うキャッシュレス未来

それなのに、日本のメディアは中国に遅れをとったことが気に入らなかったのか、キャッシュレス社会を礼賛《らいさん》し、日本も早くキャッシュレス社会にならなければいけないと主張してきた。その結果、政府はとうとう「キャッシュレス推進宣言」をしてしまった。

しかし、キャッシュレス社会＝プライバシーゼロということなら、政府が本当に国民のためにある、民主主義による統治が完全に行き届いている国でなければ、いざキャッシュレスになったときに、国民は大変な目にあう。スウェーデンのように、国民統治による民主政治が確立されている国ならいいが、はたして日本はそうなることができるだろうか？

じつは、中国にプライバシーがないように、いまやスウェーデンでもプライバシーはない。スウェーデンでは、個人情報をネットで調べると、住所、電話番号、生年月日、職業、結婚や事実婚の有無、家族、おおよその収入、居住不動産の価値など、ほとんどあらゆる情報が表示される。たとえば住所などの一つの情報だけで、すべてが調べられる。まさに、「超透明社会」になっている。

私たちは、歴史上、こんな社会に暮らしたことはない。偶然出会った人は、ただの行きずりなのに、調べればなんでもわかってしまうのだ。これでは、だんだんに知り合っていくうちに信頼や愛情が生まれるという人間関係の築き方が、大きく変わってしまう。

誰もが、これまでは隠していたもの、隠したかったものをオープンにされることに慣れなければならない。それによって、人間関係を築き、新しいモラルで生きなければならない。

嘘はすぐバレる。詐欺師など存在できない。オレオレ詐欺のような金融犯罪は起こらない。脱税はありえず、汚職や贈収賄事件もない。政府はクリーンで、公務員はきちんとした仕事を行っている。スウェーデン社会は、たしかにそうなっている。スウェーデンに限らず、北欧諸国は、どこも政治の透明度が高い。だからこそ、キャッシュレス社会になっても、人々は幸せに暮らせるのだ。

しかし、日本にこれができるだろうか？

２０３０年、キャッシュレス社会が完成したとき、その世界は、ジョージ・オーウェルの著書『１９８４年』で描かれたような「ビッグブラザー」がすべてをコントロールする監視社会になっていないだろうか？

舞台は超大国のオセアニア。そこでは、一党独裁の強権政治が行われ、人々は徹底的に管理・統制され、ディストピアの世界で暮らしている。まさか、日本がこうなるとは思いたくないが、こうなる可能性は十分にあるのは間違いないだろう。

おわりに

量子論では、未来は一つでなく、複数存在するという説が唱えられている。また、過去・現在・未来には順序がなく、同時に存在するという説もある。そもそも時間は存在しないという説まである。

また、量子の世界では、時間の流れが一方通行ではなく、過去から未来、未来から過去へと流れるという。つまり、過去は現在、そして未来に影響を与えるが、未来も現在、過去に影響を与えるというのだ。

となると、現在の私たちの行動は、未来の私たちの決断に影響を受けていることになってしまう。そんなことがありえるのだろうか？

いずれにせよ、未来はわからないほうが面白い。わからないからこそ、私たちは生きている。ただし、そう言い切ってしまうと身も蓋もないので、現時点で予測されている未来に関して、最後に述べておきたい。

２０１５年9月に世界経済フォーラムの「ソフトウェアと社会の未来に関するグローバル・アジェンダ・カウンシル」（Global Agenda Council on The Future of Software and Society）

が発表したレポートを簡単にまとめておきたい。

このレポートでは、現在、進行中の「第４次産業革命」がもたらす近未来が予測され、21の「ティッピング・ポイント」（tipping point）が示されている。ティッピング・ポイントとは、「ある技術的変革が、突如、社会の主流を転換させてしまう瞬間」のこと。文字どおり、いままでの流れを、突然、ひっくり返してしまう「特異点」がティッピング・ポイントである。

それでは、主なティッピング・ポイントを以下、列記してみよう。（　）の％は、この調査に参加した情報通信テクノロジー分野の専門家８００人の回答者のうち、「そうなると思う」と回答した専門家の割合を示している。

・10％の人々が着ている服がインターネットに接続されている（91・２％）
・１兆個のセンサーが、インターネットに接続されている（89・２％）
・米国で最初のロボット薬剤師が誕生する（86・５％）
・眼鏡の10％がインターネットに接続されている（85・５％）
・３Ｄプリンタによって自動車が生産されている（84・１％）
・政府がビッグデータのソースを使って国勢調査を行うようになっている（82・９％）
・人体にインプラントできる携帯電話が発売開始となる（81・７％）
・人口の90％がスマートフォンを使用している（80・７％）
・３Ｄプリンタによって生成された肝臓の初移植が行われる（76・４％）

・法人の会計監査の30％がＡＩによって行われている（75・４％）
・政府がブロックチェーンを介して最初に徴税を行う（73・１％）
・自家用車でなく、カーシェアリングによる移動や旅行が世界的に広がる（67・２％）
・人口が５万人を超える都市で信号機が廃止される（63・７％）

どうだろうか？　こうして見てみると、すでに実現していると思えるものもある。また、すぐにでも実現するだろうと思えるものもある。いずれにせよ、ほぼすべての項目が将来的には実現するだろう。

そこで、ティッピング・ポイントが示す未来を方向付けしてみると、流れは次の４点に絞れるのではないだろうか？

(1)　ＡＩロボットによる生産の完全オートメーション化
(2)　人間と機械の融合によるサイボーグ化
(3)　意思決定までＡＩが行うプロセスの導入
(4)　すべてがネットでつながることで「所有」という概念が希薄化して「シェア」が主流となる

はたして、このような未来に私たちはうまく適応できるだろうか？

いま言えるのは、これからは、過去のどんなビジネスモデルも、サクセスストーリーも無意味だということだ。さらに、これまでのような人間の労働をベースにした資本主義社会は終わらざるをえないということだろう。

機械がモノをつくり、サービスをやってくれる社会では、いままでのような資本主義は成り立たない。また、日本のような人口減社会では、これまでのシステムは成り立たず、成長を前提とした経済学も役に立たない。

いずれにせよ、未来を悲観的に捉えるか、楽観的に捉えるかで、いま私たちがすべきことは大きく違ってくる。本書では、すべてを悲観論で捉えてきたが、それは私たちがよりよい未来を切り開くためである。

日本が、そして東京が、いつまでも〝輝き〟を失わないでいてほしいと、心から願う。

2018年11月

山田《やまだ》 順《じゅん》

著者略歴

一九五二年、神奈川県横浜市に生まれる。立教大学文学部を卒業後、光文社に入社。「光文社ペーパーバックス」を創刊し、編集長を務めた後、二〇一〇年からフリーランスとなり、主に国際政治・経済・ビジネスの分野で、取材・執筆活動を展開中。

著書には『出版大崩壊』『資産フライト』『円安亡国』（以上、文春新書）、『本当は怖いソーシャルメディア』（小学館101新書）、『「中国の夢」は100年たっても実現しない』（PHP研究所）、『地方創生の罠』（イースト新書）、『永久属国論』（さくら舎）など、翻訳書に『ロシアン・ゴッドファーザー』（リム出版）がある。

個人HP：

http//www.junpay.sakura.ne.jp/

メルマガ：

http//foomii.com/00065

東京《とうきょう》「近未来《きんみらい》」年表《ねんぴょう》

――オリンピック後《ご》の10年《ねん》で何《なに》が起《お》こるのか？

二〇一八年一二月七日　第一刷発行

著者　山田《やまだ》　順《じゅん》

発行者　古屋信吾

発行所　株式会社さくら舎　http://www.sakurasha.com

東京都千代田区富士見一―二―一一　〒一〇二―〇〇七一

電話　営業　〇三―五二一一―六五三三　ＦＡＸ　〇三―五二一一―六四八一

編集　〇三―五二一一―六四八〇　振替　〇〇一九〇―八―四〇二〇六〇

装丁　長久雅行

本文組版　株式会社システムタンク（野中 賢）

印刷・製本　中央精版印刷株式会社

ISBN978-4-86581-177-3

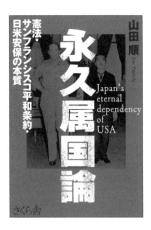